PLAYFUL Thinking

プレイフル・シンキング［決定版］

働く人と場を楽しくする思考法

上田信行
NOBUYUKI UEDA

宣伝会議

プレイフル・シンキング［決定版］

働く人と場を楽しくする思考法

はじめに

僕は「学習環境デザイン」という分野で、「どんな場があれば、人は夢中になって学ぶのだろうか」をテーマに研究している。10年前、「職場こそが学びの場だ！」という考えのもと、ビジネスマン向けに仕事を楽しむための思考法をまとめた『プレイフル・シンキング』を刊行した。このたび、僕の最新の研究や活動をふまえて加筆改訂した決定版が、本書である。

前著で僕は、「職場」という文脈の中に、アメリカで出会った人たちの学びに対する情熱的なスピリットと考え方を散りばめた。とくに、大学院時代にお世話になったキャロル・ドゥエックの「認知的動機づけ理論」をベースにして、僕なりの世界観を展開した。

キャロルは、**やる気**とはその人がもっているパーソナリティではなく、その人の**考え方**や**意味づけ**によるものだという考えをもとに、「無力感を獲得してしまった子どもたちも、自分の可能性に対する考え方を変えることによって自信を取り戻すことができる」という独自の理論を展開していた。その彼女のパワフルな理論（信念）に、僕は恋してしまったのだ。**自分の将来の可能性を感じることができれば、生き方をポジティブに変えることができる、**という考え方に希望を感じたのである。

キャロルの理論と出合ってから、僕はこの考え方を教育学のフィールドで活かそうと、長年研究を重ねてきた。どうすれば子どもがワクワクして学べる場を創り出せるかを考えてきた。そしてたどり着いたのが、**「Ｃａｎ（できるかどうか）で考えるのではなく、Ｈｏｗ（どうやったらできるか）**

で考え、自分の周りの環境を最大限に活かせば、ワクワクする学びの場を創り出すことができる」という僕なりの理論（希望）である。さらに、この理論を働く場に応用したものが前著『プレイフル・シンキング』である。

本のキーワードである「プレイフル」とは、物事に対してワクワクドキドキする心の状態（state of mind）を指す言葉である。キャロルのアイデアを参考にしながら、**仕事を楽しむためのエンジン**として考え出した概念である。

自分の行動や考え方を多角的に眺め、状況に応じてみずからをコントロールすることができれば、仕事をより楽しく、豊かにすることができる。さらに、憧れは自分ひとりで実現するよりは、他者とのかかわりにおいて実現できた方がもっと楽しい。こうした考え方が、本書のタイトルである「プレイフル・シンキング」という概念の柱になっている。

前著の刊行から10年が経ち、人々の働き方や働く環境は随分変わった。「仕事を楽しむ」という考え方も、当時に比べて、少しずつ受け入れられるようになったと感じている。僕の活動の中心にあるワークショップという手法も、以前より一般的になり、僕が企業に対してワークショップを行う機会も増えた。

そのようななか、見えてきた課題もある。

ワークショップの参加者は、その場では自分を解放し、他者との協調による新たな発見や創造に胸を躍らせるものの、通常業務に戻ると、また元の働き方に戻ってしまうのだ。単純に「楽しい」という感覚を味わうだけでは、日々の仕事をプレイフルに変えることはできない。そのことを痛感させられたのである。

では、どうすれば「プレイフル」に働くことができるのか。そもそも「プレイフル」とは一体どういうことなのか。僕自身、マサチューセッツ工科大学（ＭＩＴ）メディアラボでの1年間の研究や、ワークショップでご一緒した方々との山のような議論を通して、気づいたことがある。それは、プレイフルに働いている人たちは皆、**「本気！」**だということだ。仕事に真剣に向き合っているから、仕事が楽しくなるのだ。

何かにワクワクするのは、それがまだ誰も見たことのないものだったり、誰も成し遂げていないことだったりするからだ。その反面、前例がないため失敗のリスクと背中合わせでもある。だから、不安でドキドキする。ワクワクドキドキすることをやり切ろうとするのは、はっきり言って、いばらの道だ。それでもあきらめずに前進し続けたら、世の中の人々を「あっ」と驚かせるようなことを成し遂げられるかもしれない。そのときの感動も大きなものになるはずだ。

この感動を一度でも経験した人は、次にまたおもしろそうなアイデアを思いついたら、多少困難な道でもそちらを選ぶだろう。憧れのゴールに思いを馳せながら、困難を乗り越えていく。こうなれば仕事はどんどん楽しくなる。このように**「真剣勝負」を重ねた人だけが**、「プレイフル」なスパイラルに乗ることができるのだ。

真剣に取り組むから、楽しいし、能力も発揮できる。さらには困難や苦しみさえ「成長の糧」と捉えて喜びに変えられる。本書では、プレイフルを**「仕事に真剣に取り組むときにわき起こるドキドキワクワク感」**と再定義し、全体を見なおした。

働き方改革も、この10年間で加速した大きな流れである。

企業はいま、残業削減や業務効率化のために、ITツールの導入や社員のスキルアップに力を入れている。ただし、この流れでいくと、合理化の名のもとますますリスクが取りにくい社会になるだろう。その結果、無難で予定調和な道を選ぶ人が増えてしまわないだろうか。

イノベーションというものは、**「これ、おもしろそう！」とワクワクしながら新しいことに挑戦する人や企業が創っていくものだ**と僕は思っている。プレイフルに働く人がいなければ、社会は進歩しないし、世の中はつまらなくなる。第一、**仕事がつまらないままでは、何のための働き方改革だろうか。**

いまこそプレイフル・シンキングで仕事を楽しくし、本当の意味での働き方改革を目指していただきたい。この決定版にはそんな願いも込めている。

この本はたくさんの方々との対話と協同作業を通して実現したもので、まさにこんな本が世に出たらカッコいいなという僕の憧れが実現したひとつの成果である。

この本がみなさんのプレイフル・スピリットをスパークし、世界をＲＯＣＫする（ゆさぶる）ことができれば幸せだ！

学びはロックンロールなのだから！

２０２０年７月１日
上田信行

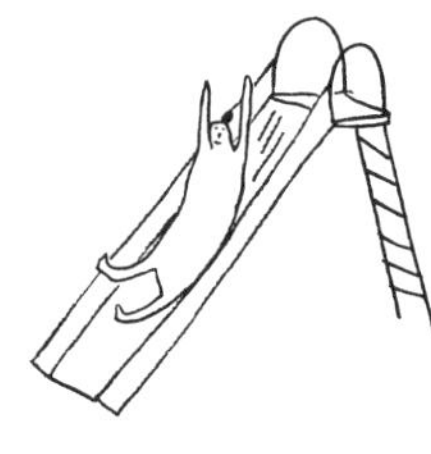

ビジネスで使えるプレイフル・アウトプット
①ポスト・イット
②ロッケンロール（大きなロール紙）
③レゴブロック
プロトタイプをつくる
プレイフル・プレゼンテーション

第5章 もっと他力を頼りなさい

知能や能力は分散して存在する
憧れの最近接領域
クラッシュを恐れない
自分の枠組みを広げてみる
境界線がどこまで広がるか試してみる
プレイフルに対話する
わかりあえない壁に立ち向かうとき
「何をやるか」より「誰とやるか」
もっとも新鮮な素材は現場にある
誰もがデザイナーになって、ものづくりに興奮する

わたしたちの時代、プレイフル・カンパニーの時代

第6章

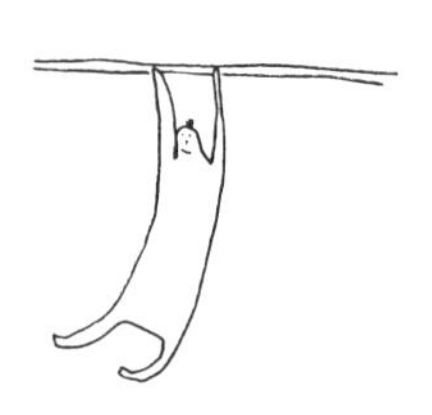

人をプレイフルにする環境の力

ハンズオン！の環境が学びを楽しくする

プレイフルな働く場をデザインする

〈空間編（K）〉

①空間と活動をリンクさせる

〈道具編（D）〉

②キューブで意見交換

③パスタでプレゼンテーション

④風船で自己紹介

⑤ランチョンマットでおもてなし

⑥市販の板チョコが特別なプレゼントに変身

⑦ドレスコードで参加意識を高める

〈活動編（K）〉

⑧TKFモデル（つくって、かたって、ふりかえる）

⑨イタリアンミールモデル

⑩ドキュメンテーション（記録）

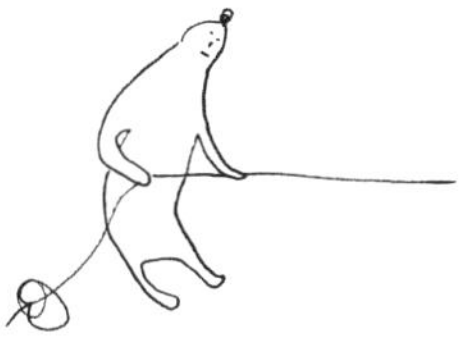

序　章

プレイフル・エンジンをスパークさせよう

あなたはCan I タイプ？ それともHow can I タイプ？

上司から、「今度こんなプロジェクトがあるけど、やってみないか」と、新しい仕事を打診されたとしよう。

あなたの心にとっさに思い浮かぶのは、次のどちらに近いだろうか。

A　Can I do it ?　私にできるだろうか？

B　How can I do it ?　どうやったらできるだろうか？

「Can I do it ?」と「How can I do it ?」。この2つは、あなたが「仕事を楽しむ姿勢」をどのくらいもっているかを知るための重要なキーワードである。目の前にある新しい課題や挑戦に対してどのような姿勢で向き合っているのか、いま一度振り返ってみてほしい。

同じような質問を、僕がかつて教えていた大学の学生139人にも聞いてみた。学生が自分の身に置き換えて考えやすいように、「仕事」ではなく「課題」という表現を使って質問した。

さて、結果は……。

「Can I do it ?」と考える人が93人、「How can I do it ?」と考える人が46人。「Can I do it ?」

と考える人が「How can I do it ?」と考える人の2倍近くいるという結果が出た。

この2つの選択肢から、どのようなことがわかるのだろうか。

まず、**「Can I do it ?」と答えた人。このタイプの人は、何か新しい仕事や課題を与えられたときに、まず「自分ができるかどうか」を考えてしまう人だ。**余裕でできそうな仕事なら「やってみます」と答えるけれども、少しでも自分の手に余りそうな仕事はやりたがらない。挑戦する前に、無意識のうちに心にブレーキをかけてしまっている人だ。

一方で、**「How can I do it ?」と答えた人は、自分ができるかどうかよりも「どうやったら実現できるか」を考えられる人。**一見して実現が難しそうな仕事でも、少し視野を広げてみて、より幅広い選択肢のなかから実現可能な方法を探ることができる人である。

「こうやればできるかも」「あの人の助けを借りればできるかも」などと思いを巡らすうちに、実現できそうな予感にワクワクしてくる。そうやって新しい仕事にもどんどん挑戦していく、まさに仕事を楽しめる人たちだ。

How型？ Can型？

これを
やってきて
かだい
自分に
できるかな
Can I do it?
どうやったら
できるかな?!
かだい
How can I do it?

ネガティブに考えてしまう人の心理

新しいことに対して無意識のうちにブレーキをかけてしまう人と、ワクワクしながら前へ進もうとする人。その違いに注目してみると、そこには**「変化を恐れる」**のか**「変化を楽しむ」**のかといった違いがある。

新しい仕事に挑戦するときは、それが成功するか失敗するかはやってみなければわからない。**自分の行動によって引き起こされる予測不可能な変化に対して、「怖い」と感じるのか、「楽しい」と感じるのか。「Can I do it ?」タイプの人は「怖い」と感じ、「How can I do it ?」タイプの人は「楽しい」と感じるのである。**

こうしたマインドの違いは、単に楽しく仕事をするということだけの問題ではなく、仕事を通じてその人が**成長できるかどうか**にもかかわる重大な問題である。変化を恐れるあまり現状で足踏みしてしまえば、その人は自分が成長する機会をも失うことになるからだ。

上司から与えられた仕事だけをこなしていればよかった新人時代とは違って、中堅社員になると自分から率先して新しい仕事に取り組むことを求められたり、プロジェクトリーダーとしての活躍を期待されることも増えてくる。そんなときに、「いまいち自信がもてない」「挑戦したいと思うけれども勇気が出ない」という人はせっかくのチャンスを逃してしまうし、

「仕事だからやるけれど気が重い」「できればやりたくない」とうしろ向きな姿勢が見え隠れする部下には、上司だって責任ある仕事を任せたいとは思わない。

では、「Can I do it ?」タイプの人は自分を変えていくことができないのだろうか。

誰もがプレイフルになれる思考法

その答えが、**「プレイフル・シンキング（playful thinking）」**にある。

プレイフルとは、本気で物事に取り組んでいるときのワクワクドキドキする心の状態のことをいう。どんな状況であっても、自分とその場にいるヒトやモノやコトを最大限に活かして、新しい価値（意味）を創り出そうとする姿勢とでも言ったらいいだろうか。このネーミングはあるプロジェクトで僕たちがつけたものだ。**「How can I do it ?」**と考える人が、新しい仕事に対して「こうやれば実現できるかも」「あの人の助けを借りればうまくいくかも」とワクワクしながら戦略を練るときの気持ちは、まさにプレイフルな状態だといえる。

そして、**プレイフルな状態を生み出すための思考法が「プレイフル・シンキング」である。前向きでエネルギッシュな人も、うしろ向きで臆病な人も、このような思考法を身につければ、誰でもプレイフルになれる**というわけだ。**「プレイフルに振る舞えるようになる」**と言ったほうがいいかもしれない。

思考法というと難しく感じるかもしれないが、プレイフル・シンキングは、コツさえつかめば誰でも身につけることができる。そのコツというのが、**「自分や世の中の見方を変えてみる」**ということ。プレイフル・シンキングは、認知心理学をベースに構築された思考法なのである。

認知心理学とは、人の認識を問題とする学問である。教育工学を専門とする僕の研究領域でもある。そのなかでも、僕がとくに興味をもっているのは、「私たちの周りに広がる世界は、その人が**世界をどう認識しているかによって決まる**」というところだ。**「世界とはこういうものだ」とあなたが感じている世界は、見方を変えればいくらでも違った世界に見えてくる。つまり、あなたの認識によって世界を作り変えることができる。**この本では、見方を変えることでプレイフルに考えられるようになるコツを紹介していきたいと思う。

仮に、あなたが新しいことへの挑戦をためらいがちな性格だったとしても、プレイフル・シンキングでアプローチすれば、自分から進んで挑戦したいと思うようになるだろう。何かに挑戦するたびに自分の新たな一面を発見するのが楽しくて、もっともっとやってみたいと思うようになるはずだ。

そうやってプレイフルな状態を意識的に作り出すことによって、少しずつ**変化を楽しめる体質に改善していく**のだ。プレイフルでいるためには夢や目標をもつことがとても大事なことなのだが、まだ夢や目標が定まっていないという人でも、毎日の仕事をプレイフルに取り組んでいくなかで、きっと夢や目標を見つけることができるだろう。

いつかプレイフルに働くことの価値が認められて、**できるビジネスマンの条件**として**「プレイフル・シンカー」**が挙げられるようになったら素敵だ。僕はぜひそうなってほしいと思うし、世の中が硬直しているいまの時代こそ、そうあるべきだと思っている。

『セサミストリート』の制作現場で感じたプレイフルな空気

僕がプレイフル・シンキングについて考えるようになったのは、1970年代にアメリカで教育学を勉強していたとき、ニューヨークで『セサミストリート』の制作現場を見学したことがきっかけだ。

『セサミストリート』の制作現場で感じた興奮は、いまでも忘れることができない。

『セサミストリート』はご存知のとおり、エンターテインメントを通じて子どもたちに学びの場を提供しようという、アメリカの壮大な実験的プロジェクトだ。制作現場には、「これまでにない新しい幼児番組、子どもたちを虜にしてしまうおもしろい番組を創るんだ！」という制作スタッフたちの熱気が満ちあふれていた。和気あいあいとした雰囲気のなかにも、真剣に番組制作に取り組む**心地よいテンション**があった。なんといっても、みんなとても楽しそうに仕事していることに僕は驚いた。

仕事ってこんなに楽しくていいの？

それまで僕が抱いていた**「仕事」の概念を打ち砕く光景**だった。

仕事といえば、ひとりで黙々と机に向かっているとか、上司に叱られて嫌な思いをしたり、残業続きでつらいものだというイメージがあり、仕事が「楽しい」なんて想像したこともなかったからだ。だが、『セサミストリート』の制作現場にあったのは、**自由で活気ある雰囲気**であり、そのなかで行われていた**真剣なものづくり**だった。

それにもうひとつ驚いたことがある。『セサミストリート』には番組制作のスペシャリストだけでなく、幼児教育や心理学の研究者、アーティストといった人々がかかわっていたのだが、彼らはじつにインタラクティブでクリエイティブな関係性のなかで**協同作業（collaboration）**を行っていたのだった。誰かひとりのリーダーや一握りの人たちが主体的に動き、あとの人たちはトップダウン式に下りてくる仕事を分担するというやり方ではない。さまざまな専門分野の人々がワイワイと集まって、互いに意見を交換し合って、進むべき方向性を**微調整しながら**、まったく新しい番組を創り出そうとしていたのだ。参加者が協同的に活動することで問題や課題を解決していく手法として**「ワークショップ」**があるが、番組の制作現場の様子は、まるで**「壮大なワークショップ」**のようだった。

これが、僕にとっての「プレイフル」の**原風景**である。

プレイフルを日本語に訳すと、「遊びであふれている」とでもなるだろうか。何かに没頭して夢中になっているときの、あのワクワクする心の状態を表現する言葉だ。「プレイ」は遊んでいるときに感じるあのワクワクする気持ち、そして**「満ちている」**という意味の**接尾語「フル（-ful）」**にかけて、「ワクワクする気持ちがあふれている」というイメージである。

だが、**遊び**といっても、遊園地で遊んだり映画を観て感じるような、単純に楽しいのとは少し違う。どちらかというと、**目の前のことに対して知的好奇心や興味のスイッチが入って、夢中になってチャレンジしている状態に近い**。誰かにお膳立てしてもらった楽しさではなく、自らが能動的にヒトやモノやコトとかかわっていくプロセスを通して生み出される楽しさ。**誰かを喜ばせたい、感動させたいというゴールがあるから、困難を乗り越えていく力となるポジティブなエネルギー**。これが、この本で伝えたい「プレイフル」である。

「働くこと」を「学び」の視点で見てみると？

前にも触れたとおり、僕の専門分野は**教育工学**である。子どもに「何を教えるか」を考えるというよりは、**「どのように教えたら子どもたちがより豊かにより深く学習できるか」**についいて研究している。

僕は『セサミストリート』の制作現場を見たことで、人が何かに夢中になり、**能動的に他者や出来事とかかわっていくプロセス**こそが「学び」ではないかと考えるようになった。それで帰国後は、子どもが夢中になれる活動を通して学習できる場を作ろうと、さまざまなワークショップ型の活動を実践してきた。

そんな僕がビジネスマン向けの本を書こうと思ったのは、「学び」と「働くこと」には多くの共通点があると感じたからだ。学びの視点から働くことを考察してみると、じつに興味深いことが見えてくる。

ここで、教育学の分野で議論されている「学び」について少し触れておくと、これまでの学校教育は、**大人から子どもへ**知識を伝達する**「インストラクション（instruction）」**が中心だった。知識とは誰かの頭のなかに存在し、それをもつ者からもたない者へ分け与えられるものだと考えられていた。学校の教室で、先生から子どもへ一方向的に知識を伝達する授業スタイルがまさにその典型だ。

それに対して、いま大きな潮流となっているのが、**学びとは子どもが何かを体験し、その体験を振り返るプロセスを通して自ら構築していくものである**という考え方だ。これを、インストラクションに対して**「コンストラクション（construction）」**という。**知識とは他者から与えられるものではなく、自ら創り上げていくもの、つまり「創造するもの」である**という考え方だ。教育学では、このような創造的な学びのことを**「コンストラクショニスト・ラーニング（構築主義的な学び）」**と呼んでいる。

僕が長年実践してきたワークショップはまさにこの考え方にもとづくもので、子どもたちが**夢中になれる活動や道具、環境をデザインして**、そこで子どもたちが何かを**作ったり、他者と語り合ったり**するなかで、触発されて、発見していくような学びの場を作ってきた。

創造的な学びには、まず何かに没頭する活動があり、次に少し距離を置いて自分の活動を振り返ってみる時間が必要である。体験するだけでは学びにはつながりにくく、体験したことを誰かに話したり、文字や絵にして表現して振り返ってみることで、体験の意味を深め、自分のものにしていくことができるのである。この**「実践する」→「振り返る」→「意味づけする」**というプロセスを繰り返しながら、人は学んでいくと考えられている。

大人の学びについても同じである。

ここで少し考えてみてほしいのだが、社会人のあなたにとって「学ぶ」とはどういうことだろうか。あなたは普段、どういう学びを経験しているのだろうか。

よくあるのは、自己啓発本やビジネス本を自主的に読んで勉強するというやり方だろう。セミナーや勉強会に積極的に参加しているという人や、社会人大学に通っているという人もいるかもしれない。しかし、それだけでは学びにはつながりにくい。なぜなら、先ほども述べたように、学びとは自分の体験を通して創り上げていくものであり、誰かの知識を吸収するだけでは学びとはいえないからだ。他から得てきた知識やノウハウは、日々の仕事のなかで実践し、振り返り、自分なりに意味づけすることではじめて、あなた自身の知識やノウハウになっていくのである。

大人にとっての学びは、日常の職場にある。働くことがすなわち学びだといってもいい。大きな声で朝のあいさつをするようになったら職場の雰囲気が明るくなったとか、お客さんの話にじっくり耳を傾けるようにしたら声をかけられる機会が増えたとか、そんな些細な発見の積み重ねで、人は成長していくのではないだろうか。そう考えると、毎日の仕事のなかに学びの素材は山のようにあるはずで、それを意識して実践するだけで、毎日の仕事風景が違って見えてくるはずだ。

これからの時代に求められるプロフェッショナルとは？

学びの本質は「実践する」→「振り返る」→「意味づけする」ことにあると考えれば、ビジネスにおけるプロフェッショナル像も変わってくる。

これまでは、専門的知識や技術を身につけ、それらを駆使して現場で対応できる人がプロフェッショナルだとされてきた。専門的知識や技術をどれだけもっているかが重要視されてきたのである。

ところが１９８０年代のアメリカで、これに対抗する新しいプロフェッショナル像が唱えられ始めた。専門的知識や技術を駆使しながら、**状況と対話し、自分の行動や考え方を振り返ることで問題の本質を捉えなおし、解決していく能力を身につけている人をプロフェッ**

ショナルと呼ぶようになったのである。彼らは、自分の行動や考え方を批判的に振り返る（＝省察する）ことで経験を深化させ、現場での対応力を高めていくという意味で、**「省察的実践家（reflective practitioner）」**と呼ばれた。つまり、**プロフェッショナルとしての存在価値は、専門的知識や技術をもつことにあるのではなく、むしろそういった蓄積されたものに安住することなく、状況に応じて自分を進化させ、イノベーションを生み出すことにある**と考えられるようになったのだ。

ここで、プレイフル・シンキングを仕事で実践している建築家、小堀哲夫さんの話をしたい。小堀さんは、日本でいま最も活躍が期待されている若手建築家の一人だ。

僕が小堀さんに出会ったのは、2014年のこと。福井市に本社を置く日華化学グループが研究所を新設するにあたり、社員が望む「働く場」を社員が自由に話し合い、協同で創り上げる場を設けるために、僕がファシリテーターとなりワークショップを実施した。そのとき、建築家としてプロジェクトに加わったのが、小堀さんだった。彼が日華化学の社員と二人三脚で設計した「ＮＩＣＣＡイノベーションセンター（ＮＩＣ）」（2017年稼働）は、国内の優秀な建築作品に贈られるＪＩＡ日本建築大賞（2018年度）を受賞している。

僕が小堀さんのすごいと思うところは、依頼主の要望に合った「自分たちが考える最高の建物」を設計するために、**決して妥協しない**ところだ。最高の建物とは、これまでに誰も見たことのない建物であり、**人を感動させる建物であり**、ユニークで〝尖った〟建物である。

NICCAイノベーションセンター（NIC）

人の想像を超える建物を造るとき、「往々にしてリスクとの闘いになる」と小堀さんは話す。安全性は担保されるのか、コストや時間の制限内でどう具現化するのか、斬新すぎて誰にも評価されない建物にならないか……。建物のコンセプトは素晴らしくても、こうした答えのない難問に直面するという。

あまりのリスクの大きさに耐えかねて、挑戦をやめて、無難な道を選ぶこともできる。しかし、「そんな予定調和な建物はつまらない」というのが小堀さんの考えだ。

では、どうやってリスクへの不安を乗り越えていくのか。小堀さんの場合、とにかく模型をたくさん作るそうだ。「こんな感じかな？」とまずひとつ作ってみて、メンバー同士で話し合う。「いや、違うな」「こうしてみたらどうだろ？」。それでまた作る。「いや、これも違うな」「じゃあ、こうしてみる？」——これを何度も繰り返すのだそうだ。模型を50回作りなおすこともあれば、１００回のときもある。繰り返すうちに、「あ、これだ！」と腑に落ちる瞬間があるという。

ありきたりではない、人を感動させる建物は、こうやって生まれているのだ。

そこには、プロフェッショナルであるための重要なキーワードがあるように思う。それは、未知の領域にもためらわず飛び込んでいける**知的好奇心**と、自分の行動を振り返ってみる**俯瞰的で省察的な視点**だ。つまり、知的好奇心をもって突き進みながら、それを対象化して、振り返る。自分が作りたいものは何なのか、なぜこれを目指すのか、といったことも振り返

模型の嵐

りながら、活動を進化させる。省察と実践を繰り返しながらイノベーションを生み出していくのが、プロフェッショナルであるということである。

ドキドキをワクワクに変える

模型を頼りにリスクの〝石橋〟を渡っていくのは、「ドキドキする作業」だと小堀さん。**「ドキドキ」**を定義すると、**未知の領域に足を踏み入れる**ときの、不安や緊張で胸がキュッと締めつけられる感じ、である。前例のない建物を造るのは、不安や緊張を抱えながら、それでも挑戦をあきらめず、**「模型との納得のいく対話ができたか」**が勝負の分かれ目になるという。

そして、ドキドキを乗り越えた先にあるのが、**「ワクワク」**だ。「ワクワク」とは、未知への挑戦に胸躍る感じをいう。小堀さんにとっての「ワクワク」は、**当事者全員を感動させる建物**を造ることだ。

挑戦が大きくなればなるほど、リスクも大きくなる。つまり、ワクワクが大きくなればなるほど、ドキドキとの振れ幅も大きくなる。

この振幅を乗り越える鍵こそ、プレイフル・シンキングだと僕は思っている。言い換えれば、憧れのゴールにたどり着くために、**ドキドキ**（不安や緊張）を**ワクワク**（挑戦）に変換してくれるのが、プレイフル・シンキングである。つまり、**不安をFUN**に変えるのだ。

小堀さんと話していて、印象的だった言葉がある。

「最初は、どうすればゴールにたどり着けるか答えは見えないけれど、石橋を叩きながら進めば、最後には**渡り切る**ことができる」

つまり、憧れのゴールが見えているだけでなく、そこに**必ずたどり着けるという自信**が小堀さんにはあるのだ。自分の将来の可能性を信じているのだろう。これも、その道のプロフェショナルと呼ばれる人たちに共通することではないかと思う。

僕は前著『プレイフル・シンキング』の刊行後、アメリカのMITメディアラボで1年間学ぶ機会を得た。そこでも、僕は同じようなことを感じたのだ。

『セサミストリート』の制作スタッフたちがそうだったように、メディアラボのスタッフも、世の中をアッと驚かせるようなイノベーションを起こそうと、日々奮闘していた。何か新しいものを作っては、仲間に見せる。すると必ず、**「オーサム！（素晴らしい！）」**という称賛に続いて、「だけどさ、ここをこう改良したら、もっとよくならない？」というアドバイスが返ってくる。それを受けて、次の日には、「改良してみたんだけど、どうかな？」とまた仲間に見せるのだ。

こうやって、自分たちが欲しいものをどんどん作り上げていく。それをメディアラボのコミュニティ全体でサポートしているのである。お互いの挑戦を後押ししながら、みんなが”調子に乗って“ いいものを作り上げていくカルチャーは、プレイフルそのものだった。

なにより、誰もがものづくりに対して真剣なのだ。**「真剣だからプレイフルなんだ」**と感じたのは、メディアラボでの経験が大きい。

そして、彼らは信じていた。誰も見たことのないものを、自分たちは生み出せると。「絶対にできる」という自信が、挑戦を途中であきらめない彼らの原動力になっていたのだ。メディアラボでの経験は、僕にとってもうひとつの「プレイフル」の**原風景**になっている。

「自分には周囲の世界を変える力がある」という信念や、自分のしようと思っていることを実現できるという確信のことを、**「クリエイティブ・コンフィデンス（creative confidence）」**と呼ぶ。これは、アップルやP＆Gなど名だたるグローバル企業の成長を支えてきたデザイン会社IDEOの創業者で、スタンフォード大学d.スクールの創設者でもあるデイヴィッド・ケリー（David Kelly）と弟のトム・ケリー（Tom Kelly）が提唱した概念だ。著書『クリエイティブ・コンフィデンス（邦題はクリエイティブ・マインドセット）』の中で、このように述べている。

「新しいアイデアを思いつく能力と、アイデアを実行に移す勇気――このふたつの組み合わせこそが、創造力に対する自信の特徴といえるのだ」

では、この自信はどこから生まれてくるのだろうか。ここでも鍵となるのは、**「実践」→「振り返り」→「意味づけ」**のプロセスである。

自信がもてないという人は、小堀さんが模型を何度も作るように、またメディアラボのスタッフが試作を繰り返したように、とにかく形にしてみることで、最初の一歩が踏み出しやすくなる。たとえば、製品開発であれば、はじめはイメージどおりのものができなくても、形にしながら試行錯誤を重ねていくうちに、理想形に近づけていくことができる。

そのうち、実践と省察によって自分なりの意味づけが生まれると、**体験は経験となって蓄積されていく。**経験が増えれば、それが土台となり、「できそうだ」という自信が育まれる。実践と省察と意味づけを繰り返すことが、クリエイティブ・コンフィデンスを高める秘訣なのだ。

つらいだけの人生はつまらない

また、「できそうだ」という自信が芽生えれば、手探り状態で先が見えなくても、自分の可能性を信じて前進し続けることができる。憧れのゴールに一歩ずつ近づいていくことに「ワクワク」しはじめる。すると、挑戦に対する粘り強さが生まれてくるのだ。この粘り強さを**playful persistence（歓びの根気強さ）**と呼ぶ。

まとめると、実践と省察と意味づけのプロセスを通して、自信は育まれる。また、自信がもてると、次の挑戦に向かう勇気がわいてくる。このように、**実践→振り返り→意味づけ**のプロセスと、**そこから生まれる自信は**、スパイラル状に互いを高め合う関係にあるといえる。

また、こうも言えるだろう。

憧れのゴールに到達する歓びを、一度でも経験したことのある人は強い。

困難を乗り越えた先に歓びがあることを知っている人は、ゴールまでのプロセスをワクワクしたものに変えることができるのだ。たとえば、あなたが商品開発の担当者だったとして、なかなか思うようには仕上がらずに挫折しそうになっても、商品化が実現して世の中が「あっ！」と驚くのを想像するだけで、あきらめずに頑張ろうという意欲がわいてくるのではないだろうか。

ところが、自分の可能性を信じることができない人や、困難を乗り越えた先に歓びがあることをイメージできない人にとっては、試行錯誤するプロセスはつらいだけのものになるかもしれない。これを続けて意味があるのだろうかと不安になり、結局つらい状態のまま、途中であきらめてしまうことになりかねない。

「苦難」や「困難」を意味する英語に「ハードシップ（hardship）」という言葉がある。これに対して、困難を乗り越えるときに感じる楽しさのことを**「ハードファン（hard fun）」**という。

ハードシップだけでは、人生はただつらいだけのものになってしまう。それではつまらない。

人生を楽しく豊かなものにするためにも、プレイフル・シンキングでもって**ハードシップをハードファンに転換し**、プレイフルに成長していけることを読者に伝えていきたいと思う。

成功したビジネスマンの話を聞くと、試練や困難をまるでゲームを楽しむように乗り越えていく人が多い。事業に失敗したり多額の借金を抱えた経験があったとしても、「仕事をつらいと思ったことは一度もない」と口々に言うのだ。

彼らに共通しているのは、**「夢や志を実現するためには、困難など取るに足らないもの」**という感覚である。彼らにとって困難は困難ですらなく、むしろ夢に近づくための**跳躍**なのだ。彼らには「世界をあっと驚かせるような商品を創るんだ！」とか、「この会社を世界一に育てるんだ！」といった大きな志や夢があり、これこそが、プレイフル・シンキングの根底にあるのである。

楽しさにこそ仕事の本質がある

人生を楽しく豊かにしてくれる一番の経験は、「学び」である。学びとは、学校や本での勉強だけではなく、ヒトやモノやコトとのかかわりにおいて自分の頭で考え、発見し、創造していく学びのことだ。日々の実践を通して人は学んでいくのだと考えれば、働くということもダイナミックな学びの場だといえる。

人間のDNAからみても、人間は「学びたい」存在である。そう教えてくれたのは、行動遺伝学が専門の安藤寿康先生（慶應義塾大学）だ。安藤先生によると、人間の生きるための欲として、食欲、性欲に付け加えて、第三の欲として学習欲・知識欲というものがあるという。人間が適応的な種として生き残り、進化するうえで、学習欲はなくてはならないものだということだ。

そして、**楽しさのなかにこそ学びがある。**好きなことに真剣に取り組んでいるとき、夢中になって何かに没頭しているとき、あなたの心はどんな小さな発見にも喜びを感じ、創意工夫を凝らして目標を達成しようとするだろう。これまで気づかなかった自分の新たな可能性にワクワクして、「もっとこうしてみたい」「あんなこともしてみたい」と挑戦の幅を広げていくに違いない。

楽しさが学びを深化させていくことは、脳科学的にも証明されている。脳認知科学が専門の仁木和久先生（産業技術総合研究所客員研究員）によると、脳は「楽しさ」を報酬として「意欲を増進」させ、「おもしろい」と感じたことは、脳に記憶されやすいという。つまり、楽しみながら学んだことは、脳に定着するというわけだ。

また、楽しいときに感じる心の余裕や安心も、人が前に進んでいくためには大切な要素なのではないだろうか。追いつめられたときにこそ普段では考えられない馬鹿力が出るという考え方もあるかもしれないが、それはしょせん非常時や緊急時でのこと。やはり、日ごろから持続的に前進していく力というのは、プレイフルな心や状態に宿るものだと思う。

楽しさこそが学びのプロセスを深化させていく。楽しいことこそが本質なのである。

次章からプレイフル・シンキングについて詳しく述べていく前に、ここで、プレイフルに働くとはどういうことなのか簡単にまとめておこう。

①プレイフルとは、真剣に向き合いやってみること
②プレイフルとは、柔軟に変わっていくこと
③プレイフルとは、メタ認知すること
④プレイフルとは、Ｈｏｗの精神で共創すること
⑤プレイフルとは、実現できそうな予感にワクワクすること

状況に応じてプレイフル・エンジンをスパークさせよう

第１章に入る前に断っておきたいのは、この本は、**プレイフルな人になるための本ではない**ということである。世の中には、身体からプレイフルオーラがにじみ出ているような天然プレイフルの人もいるが、彼らに備わっているプレイフルさというのは天性のようなもので、残念ながら一冊の本を読んだからといってなかなか真似できるものではない。

この本はむしろ、**あなたが状況に応じてプレイフルに考え、プレイフルに振る舞えるための本**だと理解してほしい。

プレイフルとは、「これがプレイフルだ」とか「ここにプレイフルがある」といったような実体概念ではない。だから、「あなたはプレイフル指数が低いから、もっと高めましょう」ということをこの本で言うつもりはない。むしろ、**プレイフルとはあなたが環境との相互作用で身にまとう振る舞い**だと考えている。プレイフルな人がいつもプレイフルなのではなくて、周りの人たちがプレイフルでなければプレイフルにはなれないかもしれないし、逆に誰かに出会った瞬間に何かがスパークして、プレイフルになれることもある。

プレイフルな人にはなれなくても、状況に応じてプレイフル・シンキングを活用すれば、プレイフルに振る舞うことができる。僕はむしろそちらのほうが大切なことだと思う。

それと同時に、**「場」をプレイフルにする**ことで、その場にいる人もプレイフルになれることもこの本では伝えていきたい。自分の振る舞いを変えようと思っても、自分ひとりではなかなか変えられないこともある。でも、一緒に仕事をする人がプレイフルだったり、職場が楽しい雰囲気の場所だったりすると、それらに助けられて自分もプレイフルに振る舞えることがある。

天気のいい日には気分が晴れるし、スポーツ観戦すれば気分が高揚する。自分はいつもの自分と同じだけど、場によって気分や振る舞いが変わる経験は誰にでもあるだろう。それと同じように、**働く環境をプレイフルに変えることで、個人もプレイフルになれる方法もたくさん紹介していきたいと思っている。**

じつは、こんな本を書いている僕も天然プレイフルではない。超前向きな天然プレイフル人間だとよく誤解されることもあるが、どちらかというと小さなことで悩んだり、自分の評価を気にしたり、新しい挑戦には「Can I do it ?」で考えてしまうタイプだ。

だからこそ、プレイフルであることに強い憧れをもっている。プレイフルに人生を楽しんだり働いたりすることへの憧れを、読者と共有できたら素敵である。

プレイフル・シンキング

PLAYFUL
THINKING
プレイフル
シンキングを
すれば、
自分の
仕事が
楽しくなる
まわりの人も
もっと
楽しくなる！

第 1 章

見方を変えれば
気持ちも変わる

プレイフルを阻害する心のあり方

はじめての仕事に向き合ったとき、「この仕事、私にできるだろうか」と不安に思ってためらう人と、「ぜひやってみたい」と意欲を見せる人がいる。その違いは、「新しいことに挑戦して、現状を変えてしまうことへの恐怖心があるかないか」であると述べてきた。この違いについて、もう少し詳しく見てみることにしよう。

これらの人の心のあり方について長年研究してきた認知心理学者のキャロル・ドゥエック(Carol S.Dweck)は、これら2つのタイプには、自分の能力や成長に対して抱いているイメージに大きな違いがあるとしている。**変化を恐れる人は、「努力しても自分は変わらないのではないか」と思い、変化を楽しめる人は、「努力すれば自分はいくらでも変われる」と思う傾向がある。**こうした価値観の違いが、その人の感情や行動パターンに大きく影響しているというのである。

つまり、「Can I do it ?」と考える人は、「努力しても自分はそれほど変わらないのでは」と思う傾向にあり、自分の無能さを露呈するかもしれない状況の変化をできるだけ避けようとする。一方で、「How can I do it ?」と考える人は、「努力すれば自分はいくらでも変われる」と信じる気持ちがあり、状況の変化にも果敢に向かっていくことができる、というのである。

自分が抱く感情について普段はあまり深く考えないかもしれないが、表出する感情や行動には、その人の**「心のあり方」**が強く影響している。**「心の癖」**と言ってもいいかもしれない。もちろん、天気がよければそれだけで明るい気分になったり、仲間と一緒の仕事ではやる気が出たり、そのときの状況や立場などによって変わることもある。しかし、感情や行動にもっとも影響しやすいのは、その人がもつ心のあり方だ。それを認知心理学では**「マインドセット（mindset）」**と呼んでいる。

ドゥエックは、自分は変われないとする心のあり方を**「フィックストマインドセット（fixed-mindset）」**、自分は変われるとする心のあり方を**「グロウスマインドセット（growth-mindset）」**と呼んでいる。フィックストマインドセットとは「自分の考え方を変えないコチコチに硬直した心」であり、グロウスマインドセットとは「どんどん成長したいと思うしなやかな心」である。

人がプレイフルであることを阻害しているのは、自分が変わっていけるという予感をあまりもつことができない、硬直した心のあり方なのである。

フィックストマインドセットvs.グロウスマインドセット

コチコチに硬直した心と、伸び伸びとしたしなやかな心。この2つの心のあり方にはどのような違いがあるのだろうか。

①固定的知能観 vs. 成長的知能観

ドゥエックが着目したのは**「知能観（personal theories of intelligence）」**、つまり知能や能力についてその人が抱いている考え方である。フィックストマインドセットの人は、「知能とは生まれつきのもので、努力しても変わらない」とする**「固定的知能観」**をもつ傾向がある。これは、頭のなかに知能という実体があり、それは変化しない固定的なものだという捉え方である。

こうした固定的知能観をもつ人は、知能は努力しても伸びないと思っているので、いまの自分に対する評価がすなわち自分への絶対的な評価だと思っている。いま「あいつはダメなやつだ」と思われたら、この先もずっとそう思われ続けるのではないかと恐れる気持ちがある。だから、できない自分をさらしてしまうような状況の変化が怖いのである。

その対極にあるのが、**「成長的知能観」**である。グロウスマインドセットの人に見られる知能観で、「知能は努力すれば伸びる」とする考え方である。知能とは、実体として頭のなかに存在するものではなく、問題を解決するための**手段**や**道具**であり、努力すればどんどん磨かれるものだと思っている。

成長的知能観をもつ人は、努力すれば今日よりも明日、明日よりも明後日のほうが知能は伸びることを知っているので、新しいことにも果敢に挑戦できる。**変化**や**挑戦**こそが、自分の能力を伸ばしたり、**自分の新たな可能性を見つけていく絶好のチャンス**だと思っているのである。

能力を存分に発揮するためには、自分が成長していける可能性を信じる気持ちが大切だ。

「この仕事をやり遂げれば違った自分になれそうだ」という予感は、きっとあなたをワクワクさせてくれるだろう。僕たちは、この**ワクワク感を成長のエンジン**にして、「こうなりたい」「こんな仕事がしたい」といった憧れの領域に向かって伸びていく。ドゥエックは、成長的知能観をもつ人の心のあり方をグロウスマインドセットと呼んだが、僕はこれを**ワクワクマインドセット**と呼んだりもしている。

②よく見せたい vs. よくなりたい（Looking Smart vs. Becoming Smarter）

「よく見せたい」と「よくなりたい」では、言葉は似ているが意味合いがまったく異なる。**「よく見せたい」**という気持ちは、固定的知能観をもつフィックストマインドセットの人に見られる。

固定的知能観の人にとって、自分を評価するのは「他人」である。いまの自分が他人からどう見られるのかをとても気にしており、できるだけよく見せたいと思う。成果やパフォーマンスをとても気にして、自分の評価を落とすような失敗や失態を非常に恐れるのである。

それに対して、**「よくなりたい」**という気持ちは成長的知能観をもつグロウスマインドセットの人に見られる。成長的知能観の人は、自分の能力がどんどん伸びていくことを知っているので、いまの自分が他人からどう思われるかにはあまり興味がない。それよりも、もっと成長したいと思っている。自分を評価するのは「自分自身」であり、仕事を選ぶ基準も、この仕事は自分にとっておもしろいか、自分のためになるか、自分はこの仕事から何を学べるか、である。知的好奇心が旺盛なので、これまでと同じ仕事のやり方ではつまらなく感じてしまう。新しいことや、ちょっと背伸びした仕事に取り組んで、もっと成長したいという意欲にあふれている。

「よく見せたい」よりも「よくなりたい」と思う気持ちが、あなたを成長させていくのである。

③失敗は過ちvs.失敗は自己投資

他人によく見られたいフィックストマインドセットの人にとって、失敗とは、自分の評価を落としてしまう取り返しのつかない「過ち」である。

一方で、もっと成長したいと思っているグロウスマインドセットの人にとって、失敗とは成長過程におけるプロセスでしかない。**失敗するのは当然だと思っているし、むしろ、気づきや発見の多い失敗は「未来の自分への投資」**だと認識している。

④自己防衛vs.課題挑戦

フィックストマインドセットの人とグロウスマインドセットの人とでは、仕事や課題に取り組むときに、**注意がどこに向けられているか**という点でも大きく異なる。

フィックストマインドセットの人の一番の関心は、いまの自分にできるかどうかである。目の前の課題を解決したり、仕事を遂行することよりも、まずは**「他者から評価される自分」**に注意を向ける点に特徴がある。それは、自分の能力を伸ばしたいとか、自分の意思や希望に忠実でありたいというよりは、「自分がダメな人間だと思われたくない」という**自己防衛的**なマインドに近い。

自己防衛型の人は、自分の無能さを露呈しないためにも、確実にできそうな仕事ならやってみようと思うけれども、少しでも難しそうな仕事には躊躇してしまう。現状を維持することこそが最大の防御であり、変化を招く挑戦や冒険は脅威の対象として映るのである。

一方で、グロウスマインドセットの人は、いまの自分にできるかどうかについてはあまり関心がない。いまの自分には難しいと感じることでも、課題に取り組んでいくうちに自分が変わっていけることを知っているからである。**注意はつねに「課題」に向けられており、「どうすれば課題を解決できるか」と仕事を遂行するための道筋や方法を考えることができる「課題挑戦型」である。**

課題挑戦型の人は、仮に自分ひとりでは実現が難しそうな場合でも、「あの人にサポート

フィックストマインドセットvsグロウスマインドセット

■固定的知能観 「努力しても自分の知能は変わらない」	■成長的知能観 「努力した分だけ知能は伸びる」
■よく見せたい 「できるだけ自分をよく見せたい」	■よくなりたい 「難しいことに挑戦してよくなりたい」
■失敗は過ち 「失敗すると、取り返しのつかないことになる」	■失敗は自己投資 「気付きの多い失敗は自分への投資」
■自己防衛型 「ダメな人間だと思われたくないから難しいことは挑戦したくない」	■課題挑戦型 「難しい課題もどうすれば解決できるか考えてみる」

を頼もう」「あの人とチームを組もう」と考えて、それを仕事の条件として上司と交渉してしまうバイタリティがある。仕事を遂行するためなら、これまでの自分の考え方や方法にはこだわらず、ベストな選択をしていく**柔軟さ**ももっているのである。

ところで、失敗したときに「自分の能力が足りなかったから」と思って落ち込むのは、自己防衛型の人に多い。自己防衛型の人は、**失敗の原因を自分の内に探そう**とするため、「私の能力では、頑張ってみたけどできなかった。私はもうダメだ」と劣等感を感じてしまうのだ。

それに対して、課題挑戦型の人は、失敗を自分の能力のせいにして落ち込んだりしない。それよりも「自分の努力が足りなかった」と考える。注意の向かう先はつねに課題を解決することにあり、「仕事の進め方がよくなかったのだろうか」「どうすればうまくいくだろう」「別の方法ならどうだろうか」と失敗回復に全力投球できるのである。

僕らはみんなプレイフルな存在だった

こうしたマインドセットの違いは、生まれつきのものなのだろうか。

僕の考えによると、生まれたときは誰もがグロウスマインドセットをもち、プレイフルな存在だったと考えられる。赤ちゃんはみんな天然プレイフルなのである。

子どものころのことを思い出してみてほしい。街や学校や野原で、見るもの触れるものすべてが新鮮で、驚きと発見に満ちていたのではないだろうか。「先生は今日どんな話をしてくれるのだろう」と学校へ行くのが楽しかったし、学校の帰りには、友だちと一緒に知らない道を冒険するのがおもしろかった。毎日がワクワクドキドキの連続で、一日一日がいまよりずっと長かった。僕たちはみんな、**プレイフルに生きる天才だった**のだ。

それが大人になるにつれ、次第に心のしなやかさを失っていった。いくつもの経験を重ね、スマートに生きる術を知った代わりに、キラキラした好奇心や探究心を忘れてしまった。そして、いつの間にかプレイフルな存在ではなくなってしまった――。そういう人が多いのではないだろうか。

なぜ、大人になるとワクワクドキドキすることが減っていくのか。これを脳科学的に考えてみると、ワクワクとドキドキという2つの感情の意外な側面が見えてくるのである。

ワクワクとドキドキは、前者が**未知なものに「おもしろそう！　楽しそう！」と胸が躍る感じ**であるのに対し、後者は、**未知だからこそ「怖い、危ないかもしれない」と目標（希望）と現状とのギャップ（距離）**にリスクを感じる感覚である。前出の仁木先生によると、興味深いことに、この2つの感情は**脳内の同じ領域で実行されている。**つまり、脳にとって、ワクワクとドキドキは共存する感情なのだ。

高い塀の上を歩きたがる子どもは、「あんな高い場所には登ったことがない。だから怖い」とドキドキする。それと同時に、「登ったことがないから、登ってみたい」とワクワクもする。

ちょっとした不安を感じながらも、でもやっぱり登りたいから、ワクワクドキドキしながら登ってしまうのではないだろうか。

ところが、大人になるとリスクを避けるようになり、ドキドキすることをやりたがらなくなる。ドキドキを嫌がるということは、ワクワクもしなくなるということだ。もちろん、年を重ねても、ワクワクドキドキできるしなやかな心をもち続けている人はいる。そういう人は、**自分に合ったレベルの目標に難易度を下げたり、別の方略を使ったりして、チャレンジしつづける。**つまり、いつまでもプレイフルでいられるのだろう。**僕たちは、成長する過程でいずれかのマインドセットを獲得し、それぞれのマインドセットの論理で世の中を見て、感じて、行動している。そして、世の中は唯一その価値観を軸に回っていると信じているのである。**

では、人はどの段階でプレイフルに振る舞うことができなくなってしまうのだろうか。

それを調べるために、僕は以前、小学4年生から高校3年生までの男女701人を対象に、こんな質問を投げかけてみた。

「勉強すればするほど頭の良さは変わると思いますか？」

結果は、中学1年生を境に、「勉強しても頭の良さそのものは変わらない」と答える人が増えていった。勉強に関していえば、この年齢を境に自分の能力に限界を感じる人が増えているということである。

中学1年生といえば、学校の先生や親から、2年後に控えた高校受験へのプレッシャーがかかりはじめる時期である。「新しいことを知りたい」という純粋な気持ちで学んでいた小学生のころは、クラスでの成績の順番はそれほど気にならなかったけれども、中学生になって成績という評価が重視されるようになるにつれ、他者との比較に心を奪われるようになっていく。「どんなに勉強したってあの子にはかなわない」と自分の能力への限界を漠然と感じるようになり、学びへの欲求や期待感を萎縮させていくのかもしれない。

この調査結果は、人はいつプレイフルに振る舞うことができなくなってしまうのかという問いに対する、ひとつの参考データになると思う。

コチコチな心から自由になる――メタ認知

僕たちは大人になるにつれ、知らず知らずのうちに心の柔軟さを失い、固定的な考え方や価値観を身につけてきた。こうしたマインドセットは心の癖のようなものだから、心を硬直させてしまった人がしなやかな心を取り戻すことは簡単なことではない。いうなれば、若いころは体力に自信のあった人が、年齢を重ねるにつれて体を動かさなくなると、若い人との体力勝負ではどうしても負けてしまうのと同じである。

だが、心の柔軟さを失ってきた僕たちにも、プレイフルに振る舞うための方法はある。「Can

I do it ?」と考える人でも、「How can I do it ?」と考える人のように行動することができるようになるのである。

さあ、いまこそプレイフル・シンキングを働かせて、子どものころのようなプレイフルさを取り戻そう。

そのためには、まず、**物事を固定的に捉えがちなあなたの思考を、自由に解き放つ必要がある。**あなたの考え方が唯一の考え方ではないこと、あなたが認識している世界が唯一の世界ではないことをまずは知ってほしい。見方を変えることで世の中が違って見えてくれば、あなたの感じ方や考え方が変わってくるはずだ。

その鍵となるのが、「メタ認知能力」である。「メタ」という言葉には、「高次の」という意味があり、**「メタ認知」とは状況を俯瞰的に把握し、その気付きや言語化を通して自分の可能性を拡張していくことである。**あなた自身を、もうひとりのあなたが、上や横から眺めている状態をイメージしてみてほしい。

こんな経験はないだろうか。隣の席の同僚が大層悩んでいるので話を聞いてみると、「それほど悩むようなことではないな」と思うことがある。当事者である本人は細かいことが気になり、状況を適確に把握できないのだが、当事者でないあなたは、同僚が置かれている状態を冷静に眺めることができるのだ。このように状況を客観的に眺める視点が、メタ認知なのである。

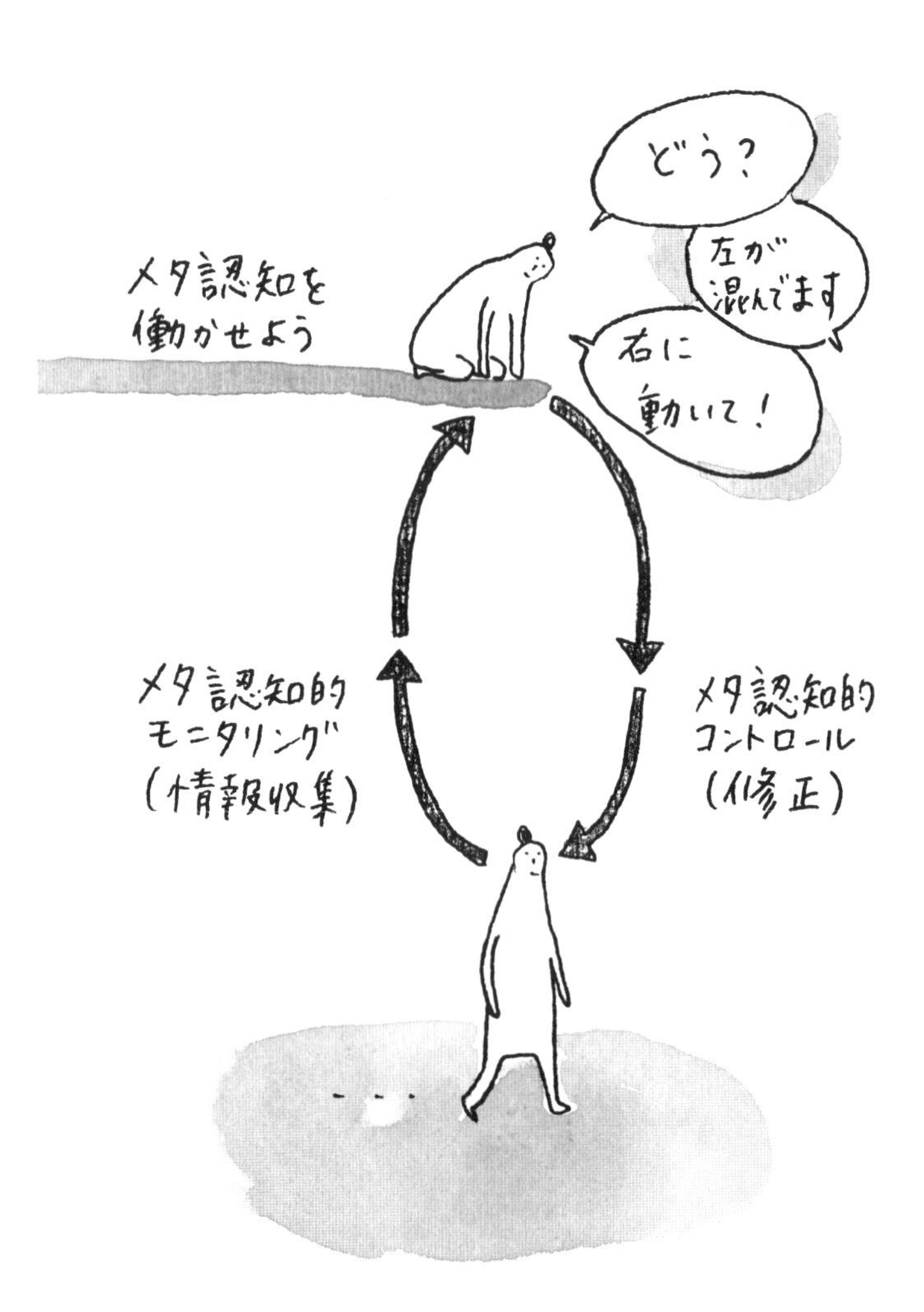
メタ認知を
働かせよう
どう？
左が
混んでます
右に
動いて！
メタ認知的
モニタリング
（情報収集）
メタ認知的
コントロール
（修正）

メタ認知活動

人は何かに深く入り込んでいるとき、途端に周りのことが見えなくなってしまう。難しそうな仕事を任されて、とっさに「私には無理かもしれない」と不安になったり、得意先に無理難題を要求されて、「そんな理不尽なことを言われても困る」と腹を立てたりする。不安や腹立たしさといった感情はとてもパワフルなので、冷静に考えようとする思考までも支配しようとするのだ。

そのようなときは、マイナスの感情に支配されたコチコチな心をいったん解放してみよう。別の次元からあなたの行動や考え方を眺めてみるのである。そうすれば、上司がその仕事を勧めたのは、あなたの実力を認めているからであり、あなたに次のステップに進んでほしいからだと気づくかもしれない。無理難題と思えた得意先の要求も、先方の社内事情を考えると無理からぬことだということが見えてくるかもしれない。

メタ認知してみることで、自分を取り巻く状況を冷静に把握し、状況に応じて振る舞いを変えていけるようになる。自分が抱えている悩みは大したことではないことや、周りの人がどう考えているのかも見えてくる。何から手をつけていいかわからなかった仕事も、全体像が見えれば、順番にひとつずつ片付けていけばいいと気づくだろう。**自分や自分を取り巻く状況がよく見えるようになり、自分の可能性に気づくことにもなるのだ。そこでなんとなく見通しが立てば、「それならやってみよう」とやる気もわいてくるはずだ。**

メタ認知とは、物事の見方を変えることであなたの行動をコントロールする、高次元の認知能力なのである。

これまで他人の評価が気になっていた人も、メタ認知してみることで、他人の評価がそれほど重要ではないことに気づくだろう。そこで、他人の評価を気にしていたあなたの意識を、**自分（self）**ではなくすべて**課題（task）**に向けてみよう。より多くのエネルギーを課題遂行のために使ったほうが、よりポジティブにパワフルに仕事ができるはずだ。

マインドセットは「心の癖のようなもの」と書いたが、心の癖だからこそ、自分がフィックストマインドセットであることには**気づきにくい**。また、気づかなければ、フィックストマインドセットのまま変わらないかもしれない。

けれども、それに気づけば、変われる可能性はある。新しい挑戦に対して自分はどう感じるだろうかと自問してみて、「Can I do it?」で考えてしまうタイプだとわかれば、メタ認知を駆動して、「How can I do it?」と考える人のマインドセットに近づけることができる。つまり、グロウスマインドセットに変えることができるのだ。

コチコチに硬直した心からあなた自身を解き放ち、あなたがもつ素晴らしい可能性に気づくこと。これがプレイフルさを取り戻すための第一ステップだ。

仕事をおもしろくする――課題設定

プレイフルさを取り戻すための第二ステップは、課題に没頭することである。そもそも人は、課題がおもしろければ、無条件で夢中になってしまうものである。あなたも好きな趣味に対しては、他人からどう思われるかなど気にせず、時間を忘れて夢中になってしまうのではないだろうか。

仕事でも、課題さえおもしろければ夢中になって取り組めるはずである。夢中になれないのは、課題がおもしろくないからだ。そんなことを言うと「仕事なんておもしろくなくて当然だ」という声が聞こえてきそうである。

確かに、おもしろくない仕事は山のようにある。そして、会社では自分の好きな仕事ばかり担当できるわけではないし、嫌いな仕事だからといって、好きな仕事に換えてもらえるわけでもない。ただしそれは、**あなたがその仕事を「おもしろくない」と感じているだけであって、「おもしろくない仕事」が存在するわけではないのである。**

もうお気づきだと思うが、すべては**「見え方の問題」**なのである。

それでは、おもしろくない仕事をおもしろくするには、どうすればいいのだろうか。

ひとつは、**自分なりに課題を設定しなおしてみること**である**（＝課題設定）**。そしてもうひとつは、**自分なりの目標を設定すること**である**（＝目標設定）**。どちらも仕事にポジティブな意味を付加し、仕事を自分のものにするという点では同じである。目標設定については第２章で詳しく述べていくので、ここでは課題設定について説明していこう。

プレイフルな課題設定

前任者から引き継いだ仕事や、同僚から無理やり押し付けられた仕事になんとなく身が入らないのは、「なぜ私がやらなきゃいけないの？」とか、「これは私の仕事じゃないのに」という気持ちがあるからである。仕方がないから言われたとおりにやるけれども、それでうまくいかないことでもあれば、「だから違うと思ったのに」と他人に責任転嫁してしまいがちだ。

ここで大事なことは、**自分なりに課題を設定しなおして、「これは私の仕事ではない」を「これは私の仕事だ」に変える**ことである。

では、課題を設定するとはどういうことなのか考えてみよう。

たとえば、上司から得意先への提案資料を作成してほしいと頼まれたとする。「こういう提案をするから、これらの項目について調べて資料を作成してほしい」。そこであなたは自分なりに考えて、「他にもこういうデータがあったほうが、より説得力が高まると思います」と上司に提案する。**言われたとおりに課題をこなすのではなく、自分ならどうするかという視点で課題を捉えなおしてみる。これが「自分なりに課題を設定しなおす」ということ**である。

上司から与えられた仕事がすなわち「課題」だと考えがちだが、じつはそうではない。**課題とは**誰かに与えられるものではなく、**あなた自身が設定するものである。**上司から与えられた仕事であろうと、あなたが自分で創った仕事であろうと、その仕事の**本質は**何かを見極め、あなたがどのように取り組んでいけば目標を達成できるかを**「あなたの問題」として捉**

えなおすことが大事なのである。

営業ノルマを会社から課された義務として認識しているうちは、ノルマを達成することの難しさばかりに気持ちが向き、「ノルマがきつい」「ノルマが嫌だ」という思いから逃れられない。ノルマを自分の課題にするには、会社が目指すゴールを理解し、そのなかでのあなたの役割を考えてみることはもちろんだが、ノルマを達成することで得られる**あなた自身の成長についても考えてみるといいだろう。**

これは、**嫌な仕事でも無理やり好きになりなさいとか、つらい仕事にも精神力で立ち向かいなさい、という話ではない。あなた自身を変えなくても、自分が納得できる意味を仕事に与えることによって、あなたと仕事の関係性をポジティブに変えていけばいい**のである。仕事にあなたなりの発見や創意工夫が加われば、自然にその仕事をやりたいと思うようになるはずだから。

「Everything is situated.（すべては状況のなかにある）」

僕はこの言葉をとても気に入っている。**「世の中に存在するあらゆる物事は、その状況下において条件付きで存在する」**という意味なのだが、状況が変われば物事のあり方も変わるのだから、自分の立場や能力に照らし合わせて、「これなら頑張ってやってみたい」と思える課題を設定することが大切なのである。

自分なりに課題を設定していくと、上司との関係性も変わってくる。

上司から与えられた仕事をそのままやっていたときには、上から下への**「伝達型」**だった関係が、部下が自分で仕事の意味づけをするようになると、上司が与えた意味に対して部下が新しい意味を提案する**「対話型」**になる。「あなたがおっしゃっていることはこういう意味でしょうか。それに対して私はこう考えます」といったように互いの意味を交渉し、双方が納得する新たな意味を創り出していくのである。このようにインタラクティブでクリエイティブな関係性が構築できたら、仕事はもっとおもしろくなるだろう。

可能性は「状況」のなかにある――How can we do it？

課題を自分のものにできたら、次は、課題をいかにプレイフルに遂行するかを考えてみよう。

新しい仕事に取り組むときに不安を感じるのは、「私にできるのだろうか」と自分自身に意識が向いてしまうことに原因があるのだということはすでに述べた。自分ひとりでなんとかしようと思っても、ひとりでできることには限界があるし、ましてや自分の能力に自信がもてない状態だと、ますます不安が募ってしまうのである。

ここに大きな落とし穴がある。課題を自分ひとりで抱え込もうとしていることである。

そうではなく、**可能性は状況のなかにあると考えてみてはどうだろうか。可能性とはあ**

How can we do it ?

なたという「個人」だけに備わっているものではなく、あなたを取り巻く「状況」に埋め込まれているるという考え方だ。だから、あなたの頭のなかですべてを処理しようとすることは適切ではない。**誰と一緒に仕事をするのか、どの道具を使うのか**も含めて状況をメタ認知し、可能性の広がりを感じてみるとよいだろう。同じように、**「能力」**や**「知識」**もあなたの頭のなかだけにあるのではなく、他者の存在も含めた**状況のなかにある**と考えるのである。

こう考えると、仕事のやり方もおのずと変わってくる。**「あなたひとりでどれだけのことができるか」という視点ではなく、「あなたはこの状況をどれだけ活用できるか」、そして「他者とどれだけ協同できるか」という視点が重要になってくるのである。**目の前の課題に対して、「私はこの部分で貢献できるけれど、あなたは？」というように、それぞれが貢献できることをもち寄るという発想だ。誰かひとりが答えや解決策をもっているわけではない。みんなで出し合ったアイデアや技術を合わせて、どれだけ最高のものを生み出せるかを考える姿勢が大切なのである。

「Can I do it ?」から「How can I do it ?」へ、さらに**「How can we do it ?」**へと考え方をシフトしてみよう。そこでは誰もが「自分ひとりでなんとかしなくては」というプレッシャーから解放され、気持ちよく伸び伸びと課題に取り組めるのである。

上司や仲間のサポートがあれば、あなたひとりでは実現できなかったことも、実現できそうな予感にあふれてくるだろう。多少の困難や試練も一緒に乗り越えていこうという勇気がわいてくるはずだ。ひとりで仕事に取り組んでいたときには考えられないほどのパワーがみなぎり、これまで手が届かないと思っていた**夢の領域**に到達することも不可能ではなくなってくるのだ。

こうした他者との協同によって開拓できる領域のことを、僕は**「憧れの最近接領域」**と呼んでいる。自分ひとりで憧れを目指すよりも、信頼できる仲間と一緒に目指したほうが、より憧れに近づくことができる。これはこの本でもっとも読者に伝えたいことのひとつでもあるので、詳しくは第5章で述べたいと思う。

素材を使いこなす――ブリコラージュ仕事術

前項では、可能性はあなたを取り巻く環境にあるということを述べた。プレイフルに働くためにもうひとつ大切なことは、その状況をいかにうまく使いこなすかということである。

いうなれば、最高級の素材を取り寄せて作る高級レストランの料理ではなく、家の冷蔵庫のなかの「ありもの」をうまく工夫して作る家庭料理的な仕事のやり方である。限られた素材を使いながら、いかにおいしい料理を作るかを考えてみよう。

このようなものづくりのことを**「ブリコラージュ（bricolage）」**という。ブリコラージュとは、設計図をもとに必要な素材を集めて作る「エンジニアリング（engineering）」とは対照的に、その場で手に入る素材をうまく組み合わせて、創意工夫して必要なものを創り上げる**手作業**のことである。発想力と独創力を発揮すれば、素材本来の用途とはまったく異なる新しい価値が生まれることもある。日本語では**「器用仕事」**とも訳される。

あなたの仕事もブリコラージュでやってみてはどうだろう。「これがないとできません」「予算が少ないのでできません」というネガティブな考え方は捨てて、与えられた時間と予算とスタッフのなかで、最高のパフォーマンスをあげるにはどうすればいいかを考えてみるのである。

「そうはいっても、使えそうな素材がない」と思案顔のあなた。ブリコラージュの発想で周りを見渡してみれば、あなたの周りにはキラキラ光る素材がたくさんあることに気づくはずだ。それまでは相手の魅力を知ろうとしていなかっただけで、「この人と一緒になんとかいいものを作りたい」という意識で相手に向かえば、あの人もこの人も魅力的な素材（人材）に思えてくるはず。相手の意外な一面を発見して、「もしかして一緒にこんなこともできるかも」と夢が膨らんだりもするだろう。

あなたの周りにある魅力的な人材や素材を使いこなして、憧れの最近接領域に一歩ずつ近づいていこう。

ブリコラージュ「あるものでなんとかする」

プレイフルに働くために大切な4つのP

これまでに述べてきた、プレイフルに働くために大切なことは、次の**4つのP**にまとめることができる。Projects（課題）、Passion（情熱）、Peers（仲間）、Play（挑戦）である。これは、MITメディアラボのミッチェル・レズニック（Mitchel Resnick）教授が「創造的な学びを生み出すためのガイドライン」として提唱した4つのPにもとづき、僕が「創造的な仕事」の文脈に置き換えたものである。

Projects――与えられた課題を、自分の課題として再設定する
Passion――課題が自分事になり、見通しが見えてくれば、「やりたい！」という情熱がわいてくる
Peers――共感してくれる仲間が集まってくると、情熱が一層燃え上がる。すると、ひとりではできないことも、誰かと一緒ならできるかもしれないという**協同的自信（joint confidence）**が生まれ、課題への挑戦に一歩踏み出すことができる
Play――冒険心をもって、新しいことに挑戦し、自分の限界を試し、リスクを取りながら何回もやりなおす

Give P's a Chance concept by Mitchel Resnick
(ミッチェル・レズニックのコンセプトを筆者と岩田花奈さんとでイラスト化したもの)

この4つのPがあれば、課題に対して真剣に取り組むことができ、仕事はプレイフルになる。

やる気がないのは本人の問題なのか

ここで、プレイフルに働くために不可欠なモチベーションについても触れておきたい。モチベーションというと、これまでは、「あの人にはやる気がある」「あの人にはやる気がない」といったように、その人に備わった資質であるかのように考えられてきた。しかし、前出のキャロル・ドゥエックは、認知心理学の観点からまったく新しいアプローチをとっている。彼女はモチベーションを**「課題の意味づけと状況を自分でコントロールできそうだという見通し」**であると捉え、**課題の意味を見いだして達成するまでの見通しが立ち、その先に課題を達成できる自分をイメージできたときに、モチベーションは高まる**と考えたのである。このようにモチベーションをメタ認知の視点から捉えた点が、僕にはとても新鮮だった。

そう考えると、やる気がないのは本人の問題なのかという疑問がわいてくる。「やる気がないのは本人に問題があるのだから、本人の意識を変革してやる気を出させよう」ということれまでのアプローチは果たして適切なのだろうか、という疑問である。

仕事に夢中になれないのは仕事がおもしろくないからだというのと同じで、**やる気が出ないのは仕事がおもしろくないからだ**と考えられる。仕事がおもしろかったら、それだけで夢中になるし、やる気も起きるはずなのだ。

本人がやる気を無理やり起こそうとしても、モチベーションは長続きしないだろう。それよりも、**仕事の意味づけを変えたり課題を設定しなおしたりして、自分にとっておもしろい仕事に変えていくことが、モチベーションを高めるうえでも有効なアプローチ法**なのではないだろうか。

認知的ハイヒールを履いて学びを深化させよう

プレイフルであるためには、物事を多角的に捉える**メタ認知**と、**物事に積極的にかかわろうとする姿勢**の両方をバランスよくもつことが大切だと述べてきた。状況を冷静に眺めてみることで、ネガティブな感情でコチコチになった心を解きほぐし、柔軟な思考で課題に取り組めるようになるのだ。

学びのプロセスにおいても、メタ認知はとても重要である。メタ的な視点で考える場合とそうでない場合とでは、学びの質やスピードが違ってくるのだ。

メタ的な視点で考えるとは、具体的にどういうことなのだろうか。

ひとつには、**物事の全体像を把握する**ということである。**「構造化してみる」**といってもいいだろう。

僕が実施しているワークショップを例にとると、ワークショップでは参加者が実践しながら学べる活動をたくさん取り入れているのだが、大人の参加者に対しては、「この活動は何のためか」「いまは全体のどの部分を議論しているのか」といった説明をするようにしている。学ぶためには個々の活動が「楽しい」ことがまず大事だが、「楽しかった」というだけでは、「学んだ」という実感をもちにくいからである。

学び手の理解が深まるのは、自分が向き合っている個々の活動や要素が、全体構造や目的に対してどのようにリンクしているのかが明確になったときである。全体における位置づけや意味合いが明確になったときに、この活動を通して何を学べばいいのかが理解できる。さらに、もっと効果的に学ぶにはどうしたらいいかといった学びのプロセスまで意識するようになると、学びはどんどん深化していく。学び手の意欲も高まり、表情も生き生きしてくるのだ。

メタ認知で考えるもうひとつの特徴は、**物事の本質を探る**ことである。

たとえば、上司から「客先には30分前には着くようにしよう」と教えられたとしよう。メタ的に考えない人は、30分前に行く意味がつかめず、上司の教えを無視するかもしれない。あるいは、30分前に着いたとしても、近くの喫茶店でマンガを読みながら時間をつぶしてしまうかもしれない。一方で、メタ的に考える人は、上司がなぜそう言ったのか、言葉の奥にある本質を探ろうとするだろう。そして気づくのだ。「30分前に着けば、はじめての場所で迷って遅刻する心配もないし、30分の間に商談のイメージトレーニングもできる」と。

物事を表面的に捉えるだけでは、学びにはつながらない。その本質的で普遍的な意味を見つけてこそ、学んだといえるのである。

全体像を把握するときも、物事の本質を探るときも、**思考をメタレベルへ引き上げていく作業**が必要になる。物事の表面的なレベルから、その奥にある意味や価値を探っていく作業である。そして、自分のメタレベルをどうコントロールすればいいか、**意識してやってみる**とよいだろう。「もう少し広い視野から問題を捉えなおしてみると異なった局面が見えてくるかもしれない」とか、「もっと奥に何か意味がありそうだから、視点を変えて考えてみよう」とか、トレーニング次第であなたのメタ認知能力を磨くことができるのである。

トヨタ自動車の「カイゼン」で有名な「なぜ？」を5回繰り返すという習慣も、まさにメタ認知を使った問題解決の典型例だ。**「なぜ？」を繰り返して問題の根源を探る癖**をつけることで、メタ認知能力はかなり鍛えられるはずだ。

理想としては、**こうしたメタレベルへの引き上げ作業をあなたひとりで行うのではなく、上司や仲間の力を借りながらできるような環境があるといい**と思う。ひとりで考えているだけでは思考は深まりにくいけれども、他者に話すことで考えがまとまったり、問題点に気づくことができるからだ。上司のほうも、「30分前に着くように」とだけ伝えるのではなく、部下にその意味を考えさせたうえで、一緒に意味を確認するなどフォローするのが望ましいだろう。

メタ的に考えられるようになれば、専門分野の違う人とも楽しく話ができるようになる。メタ思考とは物事の本質を捉えて抽象化することだから、専門的で細かい話はさておき、互いの分野に共通する普遍的な価値観や類似点を共有することができるのだ。そこには、専門分野や文化を越境するからこそのおもしろさやワクワク感がある。

僕の話をすると、最近、建築家の小堀さんと一緒に仕事をする機会が増えて、気づいたことがある。建築と学びは、まったく分野は違うけれど、大きな共通点があるということだ。

いまの学びの潮流である**「構築主義的な学び（Constructionist Learning）」**のことを覚えているだろうか。学びは、他者から知識を教わるものではなく、目の前の事象をこれまでの経験と結びつけて、自ら新しい意味を構築していくことである。じつはこれは、創り上げるという点で、建築と同じなのだ。

そこで、僕はこう考えた。学習者は皆、**「アーキテクト（建築家）」**なのではないだろうか。もし、学校で子どもたちを「アーキテクト」と呼んだら、子どもたちの学びのスタイルは大きく変わるはずだ。

「君たちはアーキテクトなんだから、先生の話を聞いたら、自分なりに意味を再構築するこ

認知的ハイヒール

とが君たちの仕事なんだよ」

すべての子どもはアーキテクトである――。そんなメッセージを文部科学省が出してくれることを、僕は密かに願っているのだけれど。

話は若干それたが、このようにメタ認知とは、人や分野や文化の壁さえも軽々と飛び越えて、理解や学びを深められる魔法のハイヒールなのである。

心のゲージを自由に動かそう

働いていれば、上司に叱られて落ち込むこともあるし、やる気のない部下にイライラすることもあるだろう。僕たちは、日常生活のいろいろな環境や状況に左右されながら、さまざまな感情を抱いて生きている。だから、いつもワクワクドキドキ、プレイフルでいることは難しい。

だからこそメタ認知を使って、プレイフルな心の状態を取り戻すことが大切なのである。気持ちが落ち込んでいるときでも、そんな自分の感情を冷静に捉え、いまこの状況ではどう振る舞うべきかを考えて、状況に応じてベストな行動を選択する。それを可能にするのがメタ認知なのだ。

じつはこれは、かなり高度で知的な認知活動だと思う。明るい性格だから明るく振る舞える人よりも、人見知りな性格だけど営業先では笑顔であいさつができる人のほうが、しなやかで強靱なマインドをもっているのではないだろうか。**心のゲージを自由にコントロールして、環境や状況に対して適応的に振る舞えることが、プレイフルであるということであり、人として成熟しているということではないかと思う。**

僕は大学の授業でよく、こんな言葉を使っていた。

「メタに行こう！」

学生たちと一緒に議論をしていると、ときどき話が行き詰まることがある。そんなときに「メタに行こう！」と声をかけるのだ。「僕たちはいまどういう状態なのか？」「プレイフルな状態だろうか？」「何でつまずいているのか？」をメタ視点で考え、言語化してみるのである。問題を多層的に眺めてみることで、問題解決の糸口が見えてくることがある。混乱した思考を整理して、また新鮮な気持ちで議論を再開できるのだ。

会社の会議やミーティングでもぜひこの言葉を使ってみてほしい。議論が停滞したとき、話が脱線したとき、話が枝葉末節に集中してしまったとき、メタレベルへの跳躍は議論を活性化してくれるはずだ。そして、「いまの私はプレイフルじゃないな」と感じたときも、この言葉を唱えてみてほしい。

「メタに行こう！」

第 2 章

目標をデザインしよう

認知心理学的に見た「目標」の役割

目標設定の重要性については、ビジネスの現場で活躍されている読者ならすでにご承知のことだと思う。だからここでは、僕の専門である認知心理学的な観点から「目標」について考えてみたいと思う。

目標とは、ご承知のとおり仕事や課題において目指すゴールのことであり、それをやり遂げたときの**到達点のイメージである。**その仕事で何を達成するのか、その仕事をやり遂げたときにどのような状態になっていたいのか、などが目標ということになる。こうした目標を設定することで、進むべき方向がはっきりし、その目標に向かって仕事や課題を着実に遂行していくことができるのである。

さらに**認知心理学的に見ると、目標設定には、進むべき方向を見定めるということのほかにも大切な役割があると考えられる。それは、「仕事の意味づけ」である。**

仕事の意味づけとは、その仕事があなたにとってどういう意味があるのか、あるいは、長期的なスパンで考えるとどういう位置づけなのか、などを考えることである。たとえば、商品企画を希望していた人が営業部に配属されて、最初は落胆するかもしれないけれど、「お客さんのことを知ることは商品企画にも必ず役に立つはずだ」と考えれば、営業の仕事を頑張る気になるかもしれない。あるいは、単独で見ると予算の割に手間がかかる仕事だから気が進まないけれど、「これがはじめての取引だから、相手に好印象を与えて次につなげるためにもしっかりやろう」といったようなことはよくある話だろう。

一見して嫌だなと思う仕事でも、**私はこの仕事から何が学べるだろうか**、この仕事を成功させたらどんな展開が期待できるだろうか、といった別の視点から捉えてみると、その仕事に取り組むことの意味や価値が見えてくる。そして、**仕事に対してポジティブな意味を見いだせたとき**に、仕事はおもしろくなっていくのである。

そのためには、目標は誰かが設定した目標ではなく、**「あなた自身が設定した目標」**でなければならない。はじめは誰かが設定した目標であったとしても、あなた自身の目標として捉えなおす必要があるだろう。これは前章で述べた「課題を設定しなおす」ことにも密接に関連しているが、自分の仕事だと認識しない限り、仕事に真剣に向き合おうとは思わないからだ。そう考えると、目標設定とは、**あなた自身が仕事とどう向き合っていくのかを意思表明したものであるとも言えるだろう。**

仕事に前向きに取り組めるかどうかは、**その仕事をどのように捉えるかという認知の問題であるとする**のが認知心理学の考え方である。仕事が楽しくない、やる気が出ない、真剣に取り組めないといった問題は、本人に問題があるというよりも、仕事の意味づけがなされていなかったり、仕事に価値が見いだせなかったりすることが原因だとも考えられる。**大切な**

のは、「自分が納得のいく目標」をもてるかどうか。「これなら頑張ってやってみたい」「これだったら楽しめそうだ」と思える目標を設定することが大事なのである。

成績目標と学習目標をバランスよくもつ

では、どうすれば納得のいく目標を設定することができるのだろうか。そもそも、納得のいく目標とはどういう目標のことをいうのだろうか。

その前に、普段、僕たちが思い描く目標にはどういうものがあるのかみてみよう。

認知心理学者のキャロル・ドゥエックは、人が何かを達成しようとするときの動機づけをテーマにした**「達成動機」**という研究のなかで、子どもが勉強する動機には2つの目標があると指摘している。**「パフォーマンスゴール（成績目標）」**と**「ラーニングゴール（学習目標）」**である。成績目標をもつ子どもは、**成績をよくすること**が勉強の動機になっており、もう一方の学習目標をもつ子どもは、**学ぶこと自体が楽しくて、**それが勉強の動機になっているというのだ。

僕がはじめてこの理論と出会ったとき、達成動機という言葉のイメージから、いい成績を取ることが勉強の目標なのではと思っていたが、学ぶことそのものが目標になっているという考え方には新鮮な驚きをもったものだ。

これをビジネスの世界に当てはめてみると、仕事の目標にも成績目標（仕事では**「成果目標」**とする）と学習目標の2つがあるのではないかと考えられる。

成果目標とは、成果を上げることを目標に設定したもの。営業売り上げを伸ばす、受注件数を増やす、お客さんを増やす、などのように、数値や結果で評価されるものは成果目標に含まれる。よい収入を得る、高いポジションにつくなどもそうだろう。

これに対して**学習目標は、仕事を通して学んだり成長したりすることを目的として設定している。**仕事を通じていい仲間と出会ったり、夢を実現したり、会社や社会に貢献したり、自分がやりたい仕事に取り組みながら自己実現を図ろうとするものである。

この2つの大きな違いは、**誰があなたを評価するのか**という点である。

成果目標の場合、あなたの成果を評価するのは会社や上司である。同僚よりもいい成果を上げて、上司から高く評価されることが目標になる。つまり、**「他者評価」**が基準になっているのである。

もう一方の**学習目標の場合は、他人からどう見られるかはあまり問題ではない。**関心の中心は自分で納得できる仕事ができたかどうかであり、それを**評価するのは自分自身**である。結果よりもプロセスを重視し、その仕事からできるだけ多くのことを学びたいと思っている。評価基準は**「自己の成長」**である。

会社から求められるのは往々にして成果目標であり、あなたに仕事のやりがいを感じさせてくれるのは学習目標であることが多い。2つは相反する性質をもっているので、こちらを立てればあちらが立たないということが多いのだが、どちらか一方だけで解決できるという話でもないのが問題である。成果目標だけを意識しすぎると、「成果を上げなくてはいけない」というプレッシャーをいつも感じることになり、仕事をしていても楽しくない。かといって、自分のやりたいようにやって会社の業績に貢献しようとしなければ、あなたの評価は下がり、会社からは必要とされなくなる。

ビジネスマンの責務として成果は出さなくてはいけないし、自分のやりがいも追求したい。**両方をバランスよくもって折り合いをつけることが、「納得のいくゴール」ということになる。**しかし、相反する性質の2つの目標をバランスよくもつのは、なかなか手ごわそうである。

成果目標と学習目標をバランスよくもつための鍵は、**「長期目標」**と**「短期目標」**にある。

長期目標と短期目標をすりあわせる

あなたは普段、どのような目標を設定しているだろうか。目標として明確に設定されたものではなくても、どのような目標を意識して仕事をしているだろうか。

毎日の業務においてもっとも緊急度の高い目標は、**短期目標**だろう。いま取り組んでいる課題やプロジェクトを遂行すること、あるいは今月、来月、再来月の売り上げを確保することなどが、重要事項としてあなたの意識を占領しているのではないだろうか。これは短期の成果目標であり、会社があなたに強く求めている目標でもあるだろう。

しかし、短期目標を達成することにとらわれすぎると、近視眼的な思考に陥ってしまう恐れがある。毎日の業務をいかに効率よく、失敗しないように遂行していくかに気をとられるあまり、将来的に自分がどうなりたいのか、どう成長していきたいのかといった長期的な視野をもちにくくなってしまうのである。毎日忙しく働き、仕事も効率よくこなしている割には、仕事に振り回されている気持ちが否めない。自分が成長しているという実感がもてず、焦りや不安を感じたり、仕事への意欲を失ってしまうかもしれない。

そこで、ぜひ意識してほしいのは、あなたなりの**長期目標**である。会社からも長期目標を与えられているかもしれないが、それは売り上げなどの成果目標であることが多い。そうではなく、**「3年後にこうなりたい」「5年後にこういう仕事をやりたい」といったような、あなたが成長するための長期的な学習目標をあなた自身で設定してみる**のである。

それを、いま取り組んでいる短期的な課題の先にイメージしてみよう。目の前の仕事を「3年後にこうなる」ためのプロセスに組み込むのだ。そうすれば、いまの仕事の見え方がずいぶん変わってくるはずである。

以前、テレビ番組でこんな話を耳にした。

京都のある有名な庭師のもとには、彼の創造性豊かな庭仕事に憧れて、脱サラしてまで弟子入りする人がいるそうである。安定した仕事を捨てて、クリエイティブな職人の世界に華麗な転身を遂げたものの、現実はそう甘くはない。弟子入りして最初のうちは、重い土を運んで、庭を整地する作業の繰り返しで、庭の設計などさせてもらえない。黙々と続く力仕事に嫌気がさして、辞めていく新人も多いのだそうだ。

しかし、たかが土運び、されど土運びである。「土を運ぶことで、土の重みを肌で感じることができる。これこそが庭師になるための基礎だ」とその親方は話していた。

辞めていく新人のなかには、「俺は毎日土を運ぶために庭師になったのではない」と思った人もいるかもしれない。土運びだけをとってみれば、単調でつらい仕事に違いない。しかし、「庭師にとって大事な土のことを知る」という長期的な学習目標に照らし合わせてみれば、土運びに従事することの意味が明確になってくるのではないだろうか。

自分の夢を実現するためだと思えば、目の前の仕事からも何か学ぶことがあることに気づくだろう。そういう意識でいまの仕事を眺めてみれば、「よし、この仕事ではこれを克服しよう」「この仕事では自分にこういう課題を与えてみよう」という意欲もわいてくる。仕事への認識を変えるだけで、つまらないと思っていた仕事にも学習目標が生まれ、ルーティンワークもクリエイティブに変身するのである。

これが、長期目標と短期目標をすりあわせて、納得のいくゴールを見つけるということである。

短期目標と長期目標

いまの仕事の延長線上に自分の成長を予感できれば、きっと働くことが楽しくなる。仕事を通して実現したい夢があり、その夢を実現するためにはいま何をすべきかわかっていて、しかもその夢に一歩一歩近づいているという実感がもてれば、誰だってワクワクするだろう。それに、ワクワクしながらする仕事は、必ずいい結果がついてくるものだと思う。なぜなら、ワクワクする気持ちというのは、世の中を「あっ！」と驚かせるくらいいいモノを作りたい、お客さんを喜ばせたい、という気持ちにもつながっているのだから。

メタレベルから省察する

仕事に納得のいく意味が見いだせて、働くことが楽しくなったあなたは、ポジティブな気持ちで意欲的に仕事に取り組んでいることだろう。

そのポジティブなスパイラルをさらに加速させるために、もうひとつ習慣づけてほしいことがある。ときどき立ち止まって、**自分の活動を振り返ってみる**ことである。振り返ることを、認知心理学では「**省察**」という。

省察とは、「**状況と対話する**」ことである。状況と対話するなんてちょっと聞きなれない表現かもしれないが、要するに、**刻々と変化する状況のなかで、この状況をどう把握すればいいのか、その状況に対していまの自分の行動にはどのような意味があったのかをメタ認

知し、できる限り言語化してみることである。

何かに夢中になると、周りのことが見えにくくなってしまうことがある。独りよがりになれば、判断を誤ってしまうこともある。目標に向かって知的好奇心いっぱいで進みながら、ときどきメタレベルから振り返ってみることで、あなたの行動をより状況に適したものに変えていく必要があるのだ。

何かに夢中になった活動のあとに、その活動をメタレベルから眺めてみると、活動のレベルだけでは気づかなかった発見があったりする。「そういえば、あのとき上司にこう言われたっけ。あのときは深く考えなかったけど、もしかしたら参考になるかもしれないな」とか、「あのときは、これがプロジェクトのゴールだと疑わなかったけれど、本当のゴールは別のところにあるのかも」などと気づくのである。**省察することで行動を意味づけしたり、問題の本質を明らかにしながら、次の行動を適切なものへと軌道修正していくことが大切なのである。**

体験を経験に熟成させる

省察を繰り返していくと、**単なる体験が経験に熟成されていく。**体験を経験に変えて自分のものにしていくことが、人が成長していくうえではとても大事なことである。

ここで、体験と経験は違うということを明確にしておこう。

体験とは、活動の現象を捉えたものであり、活動の意味づけがなされていない状態のものである。いまの教育現場には「体験すれば学べる」という誤解が見受けられるようだが、体験しただけでは自分のものにはならないので、学びとしては不十分だ。**体験の意味を振り返り、その意味を自分のなかで構造化したり言語化したりすることで、「腑に落ちる」とか「わかる」といった状態に昇華され、経験として「身につく」のである。**

たとえば、営業活動において、これまで売れなかった商品がはじめて売れたとしよう。なぜ売れたのか、いままでの売り方とどこが違ったのか、を振り返って考えてみることはとても大切なことである。それをしなければ、今回の売れた体験はただのまぐれということになってしまう。売れた要因を自分なりに把握して、その意味を**言語化（整理）**することで、次の営業活動に活かせる知恵として蓄積されていくのだ。

いま述べたようなことは、読者はすでにやっておられると思う。だが、もし無意識のうちにやっていたのだとしたら、今後は**体験↓省察↓経験**のプロセスをもっと意識してみるとよいだろう。**あらゆる場面で「省察」を意識することで、個々の体験から多くのことを学べるようになり、あなたの学びのプロセスは確実に深まっていくだろう。**

これまでは、体験を積み重ねることによって、時間をかけて学びが行われてきた。職人の世界の徒弟制度がいい例である。たとえば、寿司職人が一人前になるまでには10年かかると言われていた。親方のもとに丁稚奉公して、まずは掃除からはじまって、親方や先輩職人の仕事ぶりをじっと観察しながら修業を積んでいったのである。「ワザは見て盗め」という世界では、誰も手取り足取り教えてはくれないし、見よう見まねで技術を覚えていくしかないのだ。

そこに省察を取り入れたら、学びのプロセスはさらに豊かに深くなる。たとえば、一日の仕事が終わったあとの30分を、親方と弟子が一緒に省察する時間にあてるだけで、修業のプロセスは、より豊かでずっと深いものになってくるに違いない。もちろん、親方から知識を伝授してもらうだけでは学んだことにはならないので、まずは弟子が自分の頭で考え、体験の意味づけを行い、そこからわかったことを実践して身につけていくことが大前提ではある。ただ、意味づけの作業に親方のちょっとした手助けがあるだけで、弟子の学びのクオリティは格段に上がる。そんなお寿司屋さんがあれば、注目されること間違いなしだ。

省察によって抽象化、言語化された経験は、ある特定の状況だけでなく、他の状況で応用することができる。これを**「転移」**という。

先ほどの営業マンの話でいえば、営業活動を通して学んだお客さんへの接し方は、あらゆる人間関係を円滑にするための貴重な示唆を含んでいるはずだ。あるいは、あなたもこの本を読んでメタ認知について興味をもっていただけたのではないかと思うが、この本のなかだけでなく、普段の生活のなかでもぜひ、メタ認知について考えてみてほしい。「この人のメ

メタ認知感覚を磨く

今の自分と
まわりの
状況を
……
少し上から
ながめて
みる
……
メタレベルを
あげて、
もっと
ちがう視点
からも
ながめてみよう
……

タ認知はどうなっているんだろう?」とか「ここでもメタ認知が使われている!」と感じてみることで、きっとあなたの**メタ認知感覚**が磨かれていくだろう。

僕たちは毎日の生活のなかでじつにたくさんのことを体験している。だが残念なことに、そのほとんどを意識からすべり落としてしまっている。すべてを意識しようとすると疲れてしまって大変だけど、いまよりほんの少し五感を研ぎ澄ませて周りを見渡してみるだけで、そこには学びの要素があふれていることに気づくはずだ。毎日の体験を意識することで、これまでモノトーンの世界だったものが、数百色の色鉛筆の世界にまで広がって見えるようになれば、「こんなに素晴らしい世界だったんだ!」とあなたは驚くかもしれない。

こうした世の中に対する認識の変化は、あなたの行動をよりプレイフルなものに変えていくだろう。

省察を超えて即興の世界へ

これまでは過去の経験を振り返る省察について述べてきたが、**省察的な活動を究極にまで進化させていくと、「インプロビゼーション(即興:improvisation)」に行き着く。インプロビゼーションとは、活動と同時進行で省察し、瞬間的に新しいものを生み出していくことである。**

ジャズの即興演奏は、まさにインプロビゼーションだ。ジャズバンドの演奏では、おおまかなコード進行やメインで演奏する楽器の順番くらいは決めてあるそうだが、どんな音楽が生まれてくるのかはその場になってみないとわからない。会場の雰囲気やお客さんのノリに合わせて、即興的に音楽が紡ぎ出されていくのが、ジャズライブの演奏の魅力であり醍醐味でもある。

これを認知心理学的に説明してみると、ジャズプレーヤーは演奏しながらその場の状況を省察しており、思いどおりの音楽が表現されているかを瞬時に検証し、修正を加えながら次の表現へとつなげていると考えられる。おそらく彼らは、こうした即興的省察の過程をひとつひとつ意識はしていないと思うが、状況と対話しながら即興的に新しいものを創り出していくのは、じつは**かなり高度なメタ認知的活動**なのである。

この段階までくると、どんな状況にも瞬時に適応できるようになり、その場の空気をも自由自在にコントロールできるようになってくる。これまでの**豊富な経験と高度なメタ認知能力**があれば、次に起こりえる出来事と、それに対する自分の行動までも予測できているはずなのだ。状況を自由にコントロールできるということが心の余裕を生み、**プレイフルな空気感**を作り出している。優秀なジャズプレーヤーほど、自由で楽しそうに演奏するのは、そういうことなのではないだろうか。

僕のワークショップでも、この即興の要素を取り入れている。通常は、ワークショップの進行を事前に決めておき、本番はそのとおりに進めていくのが一般的だろう。僕の場合も、ざっくりとした進行は一応決めておく。しかし、その進行どおりに進むことはほとんどない。

僕は、その場に立ったときに感じる雰囲気を敏感に察知して、その場にもっとも適したものを生み出していきたいと思っている。その場に集う参加者の方々と一緒に、参加者との対話から新しいものを創り上げる感覚を大切にしたいのだ。

先日、仕事にワークショップを取り入れたい企業に向けて、ワークショップを体験してもらったときのことだ。当初、ワークショップとは何かを解説する座学からはじめる予定だったが、当日になって進行を変更し、ワークショップの体験からはじめることにした。先に体験したほうが、座学での理解が深まるだろうと思ったからだ。これくらいの変更は、僕の場合は日常茶飯事である。もちろん、スタッフも織り込み済みだ。変更によって混乱が生じたとしても、ワクワクドキドキにつながる混乱は大いにウェルカムだ。

また、ある講演では、当日会場に向かう途中で見聞きした、新鮮なネタをトークに盛り込んだ。「先ほどここに来るときに、こんなことがありました」という話からはじめると、使い回しのネタではないことが聴き手にもわかるから、会場が盛り上がる。「自分たちに向けて話してくれている」ことが伝わると、その場がプレイフルになり、聴衆の心をぐっとつかむことができる。なぜなら、予定調和が崩されて、話し手である僕と聴衆がお互いに対話をはじめるからだ。

3つのLでプレイフルに！

活動が即興に近づけば近づくほど、ライブ感が高まっていく。いまのこの状況に対してつねに新しいものを生み出そうとするから、一瞬一瞬が真剣勝負だ。何が生まれてくるかはわからないけれど、思いもよらない素敵なものが生まれてくる予感だけはいつも感じている。その場にいる全員がプレイフルな波に乗れたとき、あっと驚くような革新的なものが生まれてくるのである。その感動と興奮が忘れられなくて、僕は即興をやめられないのだ。

ライブ感とはそういうものだ。

あなたの職場にライブ感はあるだろうか。会議やミーティングにはどうだろう。そして、あなたの人生には？

目標はダイナミックに変化する

ここで、ふたたび目標設定の話に戻そう。

はじめに設定した目標に向かって、ポジティブに仕事に邁進してきたあなたは、これまでにさまざまな経験を積み上げ、多くの学びを得てきたことだろう。

さて、ここで大切なことは、**もう一度、目標設定を見なおしてみる**ことである。たくさんの経験をインプットしてきたことで、はじめに目標設定したころと比べてあなたの状況は変わってきているはずだ。あなたの能力が予想以上に著しく伸びているかもしれないし、あなたに別の可能性が見えてきているかもしれない。それに伴って、目標を微調整したり軌道修正したり、目標を再構築していく必要があるのだ。

これまでは、「一度決めた目標はむやみに変えてはいけない」とか、「途中で目標をあきらめてはいけない」などと教えられてきたかもしれないが、**経験というインプットがあなたの状況を刻々と変化させていく限り、目標自体もダイナミックに動いているのである。目標を見なおすことは優柔不断なことではなく、「目標の再構築」だと捉えるようにしたい。**

ところで、**「可鍛性（かたんせい）」**という言葉をご存知だろうか。これは、鋼を熱して叩いて鍛えていくと、**強度や靭（じん）性（粘り強さ）**が向上していくという意味の専門用語である。英語では**「マリアビリティ（malleability）」**という。鉄の場合は叩けば強くなっていくが、ここでは、物事に備わっている特性が増強されて、どんどん強力に、パワフルに、エネルギッシュになっていくことだとイメージしてほしい。

この言葉は、キャロル・ドゥエックのマインドセットの理論においても使われている。「努力すれば自分は変われる」とするグロウスマインドセットの根底にあるのが、まさに可鍛性であるというのだ。**マリアブル（malleable）**とは、柔軟に変化を受け入れ、自分自身もよりよい方向へ変わっていく可能性を感じられること。ドゥエックは、**あらゆる物事はマリアブルであることが重要**だと唱えている。

そう考えると、目標もマリアブルであるべきだと思う。一度決めたらそのままではなく、人生におけるさまざまなポイントで、いまの自分とゴール地点までの見通しを省察し、経験の質や成長に合わせて**目標の精度を上げていく必要がある。**

そうやって目標を再構築しながら、あなた自身もマリアブルに変わっていくことができるのである。

メタ認知中！

第 3 章

足踏みしないで チャレンジしてみよう

一歩を踏み出す勇気をもとう

仕事をおもしろくするには、まずは仕事と真剣に向き合うことが大切だと述べてきた。そもそも僕たちは、仕事がおもしろければ無条件で夢中になってしまうのだから、状況をメタ認知して、自分にとって魅力ある仕事になるように意味づけすることが大事だということである。

あとは、勇気を出して最初の一歩を踏み出すだけである。

しかし、この **「勇気」** がなかなか出せないという人も多い。

そういう僕も、初対面の人に会う前は人一倍緊張するし、仕事の依頼をもらっても、それがチャレンジングな仕事だと「僕にできるだろうか、断ってしまおうかな」と弱気になってしまうこともよくある。僕と一緒に仕事をしてくれているスタッフからは、僕があまりにも心配性なものだから、「先生は起きもしないことを心配ばっかりしている」といつも言われているほどだ。

頭のなかで考えれば考えるほど、自分には無理なのではないかとか、失敗して恥をかくのではないかといったマイナス思考に陥ってしまう。**一歩を踏み出せない人というのは、まだ起きていないことへの不安や、失敗を先取りした悩みに足がすくんでしまっている人が多**

い。いわゆる取り越し苦労というやつである。

そんなときは、自分の不安や弱さを認めることもときには必要だ。たとえば、挑戦してみたいことがあるけれど、自信がなくて一歩が踏み出せない場合、弱い自分を認め、ありのままの自分をさらけ出してしまおう。「私はこの分野は未経験で、わからないことも多いのですが、興味があるのでぜひ参加してみたいんです」、と言えば気分がラクになる。自分の弱さがバレないよう、隠すことにエネルギーを使わなくてよくなるからだ。

自分の「弱さ」や「もろさ」「傷つきやすさ」のことを、**「バルネラビリティ（vulnerability）」**と呼ぶ。はじめの一歩がなかなか踏み出せないときは、このバルネラビリティを意識しよう。誰にだって、弱さやもろさはある。自分の弱さをさらけ出したり傷ついたりすることを、恐れる必要はないのだ。

自分の弱さやもろさを認めたら、あとは**アクション**を起こしてみるに限る。

相手のある仕事ならその相手に会ってみるとか、現場に足を運んでみるとか、**具体的に動いてみる**ことで、これから取り組む仕事がより具体性を帯びてきて、やりたい気持ちが膨らんでくるかもしれない。あるいは、その仕事に関する悩みや心配事などを紙に書き出してみるのもいいだろう。書いてみることで問題点が整理されたり、解決策が思い浮かぶこともある。頭のなかで渦巻く思考を外に出し、具体的に行動に移してみることで、新たな視点が開けてくる。突破口が開けてくるのである。

また、自分ができることからはじめてみるというのも、はじめの一歩を踏み出しやすくする重要なポイントである。

一度にすべてを解決したり、ひとりでやろうとすると重荷に感じてしまう。だから、現状から一歩前進するために自分には何ができるかを考えてみるとよいだろう。もしチームで取り組んでいるのなら、あなたが**チームに貢献できることは何か**を考えてみよう。

あなたが調査や分析を得意とするなら、過去の事例や他社事例を収集して傾向を分析してみるのもいい。人と話すのが好きなら、関係者にヒアリングして意見を聞いてみるというのもいいだろう。自分の得意なことでとっかかりを見つければ、はじめの一歩はそれほど高いハードルにはならないはずだ。どんな小さなことでもいいから、**その仕事に主体的にかかわっていく**ことがとても大事なことなのである。

やってみたら意外に大したことはなかった、ということは多い。案ずるより産むが易しである。

そして、ここが大事なポイントなのだが、**あなたが動けば状況は必ず変わる**。

あなたが情報収集した他社事例や関係者へのヒアリングは、プロジェクトの方向性を決めるうえで重要な参考資料になるだろうし、何よりもあなたの貢献に対して周りの人たちは感謝し、あなたと一緒にこのプロジェクトを成功させたいと強く思うに違いない。周りの人からの**感謝**や**期待**は、あなたに前進する勇気を与えてくれるだろう。

逆に、人として一番つらいことは、自分が世の中に対して何も影響を与えることができない存在だと感じることだ。自分の行動が誰にも評価されず、存在が無視されてしまうことほどつらいことはない。

あなたが一歩を踏み出すことで、周囲に何かしらの影響を与える存在になれることをぜひ覚えていてほしい。

まずはアクションを起こして、**「はじまり」を作ってみよう。**

足場をかける

教育の現場では、教師が子どものうしろからそっと手を添えて、子どもの学びを手助けすることがある。これを**「足場をかける（足場作り：scaffolding）」**という。建築現場で組み立てるあの「足場」からきた言葉である。僕が実施した紙すきを体験するワークショップでも、最初は紙すきの職人が子どものうしろから手を添えて、一緒にすいてみせる。しばらくして子どもが慣れてきたら、少しずつ手を離して、子どもが自分で紙をすくのに任せる、というやり方をしている。

職場の上司や先輩、周りからのサポートは、この「足場」のようなものだと考えよう。はじめての仕事に不安を感じたり、挑戦してみたい気持ちはあっても具体的にどう進めていけ

足場

ばいいのかわからないときには、そこで**躊躇して足踏みする前に、ためらわずに周りの人に助けを求めてみるとよい。**

ただし、**上司や先輩など周りの人から助けを得るときも、仕事に取り組む主体はあなたであるということを忘れずにいたい。**教えてもらうことでわかった気になったり、できた気になってしまうのは危険なことだ。それに、言われたとおりにやっていても仕事はおもしろくならない。周りからのアドバイスを参考にしながら、**自分なりのやり方を見つけていってこそ**発見や学びがあるし、あなたなりの**新しい価値を創造する**ことができる。それが仕事のおもしろさであるし、喜びでもあるのだから。

同じように、前任者から引き継いだ業務をマニュアルを参考にしながら遂行するときにも、マニュアルの使い方には注意が必要である。マニュアルというのは、誰が見ても参考にできるように汎用的に書かれたものだから、マニュアルどおりに完璧にできたとしても、そこから創造性やイノベーションは生まれない。マニュアルはあくまで参考程度にして、**あなたなりの目標設定や課題設定を行う**ことで、**仕事を自分のものにしていく**ことが大切である。

足場は建物が完成するにつれて撤去されるべきものであるから、はじめのうちは上司の指導やマニュアルを足場としても、いずれはあなた自身が主体的に考え、あなたなりの創造性やイノベーションを付加していくことが求められる。**仕事を自分の課題として設定しなおし、**自分なりのやり方で新しい付加価値をつけていくとき、その仕事は間違いなくおもしろくなっていくだろう。

ときには他者評価もバネにしよう

前に「他者からの評価を気にしすぎると、考え方や行動が萎縮してしまう」ということを述べたが、逆にポジティブな他者評価であればどんどん活用してよいと思う。

たとえば、僕はこんな本を書いているくらいだからつねにプレイフルな人間だと思われているが、じつはそうではなかったりする。教授たちがそろった大学での会議ではつい渋い顔になってしまうし、著名人に会うときは相手のオーラに気後れしてしまうこともしょっちゅうだ。ついでに言うと、大学でメディア表現の授業をしていたからデジタル人間だと思われているが、じつは超アナログ人間。これを僕は**「華麗なる誤解」**と呼んでいる。

周りからポジティブに評価されると、自分の気持ちもポジティブになって、それをきっかけにいい方向へ向かっていくことがある。僕の場合、「上田さんは○○ができる」という誤解からいろんな仕事が舞い込んでくる。「できません」と言って断ろうとするのだが、「いやいや、そんなことはないでしょう」と言われて結局は仕事を受けることになる。そうやって**相手の期待に応えようとする**うちに、自分の専門外だから気が進まないと思っていた仕事も、意外なほどおもしろい展開になったりするのだ。

水が半分入ったコップを見て、「もう半分しかない」と認識するのか、「まだ半分もある」と認識するのか。あなたがそれをどう認識するかによって、状況はまったく違ったものになる。同じように、「僕はプレイフルではない」というのは僕がそう認識しているだけのことだし、また周りの人たちがいう「上田さんはプレイフルだ」というのも、彼らの認識である。

相反するようでいて、じつは僕には両方の側面があり、その間を行き来していると考えたほうがいいのかもしれない。これは誰にでも当てはまることで、単純に「AかBか」と決められるものではないのだろう。Aの可能性が認識されたときに「Aだ」となり、Bの可能性が認識されたときに「Bだ」となる。僕たちは、**状況に応じて認識のゲージを動かし、行動パターンを変えているのである**。

役職についたことで、その人が課長らしく、部長らしくなっていくことがある。それは、状況をメタ認知することで、役職に期待される役割や働き、さらには自分のなかにある可能性をその人自身が認識して、**それに合うように自分の行動をデザインしているから**だと考えることができる。

逆に、役職についたことで、それを重荷に感じてしまう人がいる。こういう人は、自分の可能性をメタ認知できていないのではないだろうか。自分の能力を現状の枠でしか捉えていないために、それを上回る期待や要求を**プレッシャー**だと感じてしまうのである。

あなたが潜在能力を十分に発揮できるのは、可能性をもった存在としてあなた自身を認

識したときである。だから、他者から厳しく評価されたときは、それを卑屈に思うのではなく、自分の現状認識を上方修正するきっかけにしたいものである。そこから新しい自分を発見したり、よりよい方向へ変わっていくための飛躍のバネにしていこう。

仕事のやり方はひとつではない

仕事はこうしなくてはならないという思い込みも、あなたの心を萎縮させ、前へ進むことを阻んでいるひとつの原因かもしれない。

これは企画制作会社で働くある女性の話である。お菓子のパッケージ制作を担当することになり、前々から注目していたアートディレクターにデザインを依頼することにした。幸いにも仕事を受けてくれたところまではよかったのだが、デザインがなかなか決まらない。そもそも、社外のデザイナーと一緒に仕事をすること自体がはじめての経験だったため、社内で出た意見をデザイナーに伝え、パッケージデザインに反映させていくディレクションがうまくできずに、ひとりで悩んでいたのだ。すると、それを見かねたアートディレクターが、「ひとりで抱え込まないで、みんなで考えよう」と声をかけてくれて、スタッフみんなでアイデアを出しながら問題を解決していったのだそうだ。

彼女は最初、誰かに頼ることは自分の責任を放棄することになる、問題は自分で解決しな

つくって、かたって、ふりかえる

くてはならないと思い込んで、ひとりで悩んでいた。しかし、課題を解決させることを最優先させるなら、問題をひとりで抱え込まずに、周りの人の助けを借りることも必要だということに気づいたのである。この経験があったおかげで、彼女は次に同じような問題に直面しても立ち止まることがなくなった。彼女にとっては大きな一歩になったようだ。

仕事のやり方はひとつではないし、そもそも仕事のやり方に正解などない。それを知るだけでも、あなたの気持ちはいくらか自由になるだろう。

既存のやり方では見通しが立たなかったり、現状に行き詰まったりしたときは、状況をメタ認知して、もっと自由に「How」を考えてみるとよい。どんな道具や方法を使い、誰と一緒に組めば実現できそうかを考えてみるのである。仕事を進めるための選択肢はたくさんもっていたほうがいい。自由に発想すればするほど「できそう！」「できるかも！」という予感が高まり、仕事が楽しくなるだろう。

失敗は恥ではない

一歩を踏み出せる人と踏み出せない人には、失敗をどう捉えるかにも大きな違いがある。失敗はいけないことであり、失敗は恥だと考える人は、失敗を恐れて挑戦しにくくなるし、安全で無難な道を選ぼうとする。一方で、いまの自分にできる精一杯のことをやったうえでの失敗は、むしろ成長のための投資だと考えている人は、失敗を恐れないので、一歩を踏み出すのにためらわないのだ。

僕たちが「失敗」と名づけているものは、じつはある時点での「現象」にすぎないと考えることができる。売り上げが落ちたとか、プレゼンで負けたというのは、「いま現時点でこうだ」というプロセスにすぎないのである。ここで大切なのは、起きてしまった現象について正しかったのか間違っていたのかを判断することではない。むしろ、発生した問題を解決したり、次に同じ過ちを犯さないための**対処法を考える**ことである。**本当の失敗とは、その時点で前に進むのをあきらめてしまうこと**なのではないだろうか。

僕の「失敗」に対する考え方をさらに一層強めたのは、この本の基底になっているキャロル・ドゥエックのTED Talkだった。彼女は、あるシカゴの高等学校の成績を見て驚いたそうである。アメリカでは普通落第点を取ると**「F（failing grade）」**の評価がつくけれど、その学校では、**「Not Yet」**と評価していたのだ。

Not Yet――。まだできてないだけ。

つまり、**「まだ目標に到達していないだけで、もっと努力すれば目標に近づける」**というメッセージだ。失敗を「Fail」と捉えてしまえば、失敗した時点ですべてが終わってしまうけれど、「Not Yet」と捉えなおすだけで、「目標にたどり着くにはどんな改善や努力が必要だろうか」と前向きに考えることができるのである。

ドゥエックの「The Power of Yet」と題したこのTED Talk（2014年9月）は、瞬く間に世界中に広がった。セサミストリートでも「The Power of Yet」の歌が作られたほどだ。失敗や挫折があったとしても、**「まだ目標に到達していないだけ」**と捉えてみてはどうだろう。「もう無理だ」とか「もうダメだ」といった絶望感は、ただの思い込みに過ぎないことに気づくだろう。

そして、一見して失敗のように思える現象には、物事が順調に進んでいたときには気づきもしなかった発見や学びがたくさんある。そこで得た学びや発見を次の経験につなげていくことができれば、失敗は成長のための投資となるだろう。

制約を超える楽しさがある

予算が少ないからできません、スケジュールが厳しいからできません——。できない理由をあげようと思えばきりがない。挑戦をためらう人ほど、どんなスマートな理由で仕事を断ろうかと、いろいろ言い訳を考えてしまうのではないだろうか。

でも、こう考えることもできるはずだ。

制約があるからこそ、それを超えていく楽しさがある、と。

そもそも**仕事に制約はつきもの**である。「お金を好きなだけ使って、自由にやりたいことをやっていいよ」という仕事は、まず、ない。そういわれても逆に難しいだろう。予算やスタッフなどの制約があるからこそ、そこでいかにアイデアを出して価値のある商品、サービスを生み出すかがビジネスマンの腕の見せどころである。**制約のなかでいかに遊ぶかを考えるのが、仕事を楽しむということなのである。**

ここで、２０１９年に新校舎**「The Learning Station CROSSLIGHT」**を完成させた梅光学院大学（山口県）の例を紹介しよう。このプロジェクトには僕もかかわっていて、教職員と学生がどんな学びの場を創りたいのかを自由に話し合うためのワークショップを行った。新校舎の設計を担当したのは、建築家の小堀さんだ。

これからの時代にふさわしい学びの場を創る――。こんな目標を掲げてスタートしたプロジェクトだったが、僕たちには大きな制約が立ちはだかっていた。なにしろ、予算も時間も十分にないのだ。小堀さんに言わせれば、「建築にとって最大の難問」である。

その反面、制約があったからこそ、できたことがある。これまでとは違う考え方で物事を進めていったことだ。たとえば、家具にかけられる費用にも限りがあった。椅子や机は同じものでそろえようとするのが一般的な考え方だが、「思い切って全部違う椅子にしよう」という発想が生まれた。ポップでカジュアルな椅子もあれば、高級ブランドの椅子もある。結果的に、全体で**３６５種類もの椅子**が配置されることになった。

他にもある。教室や廊下の区別を極力なくし、人と人との交流が起きやすい設計にした。

また、教員の個人研究室を縮小し、フリーアドレス（固定席がない空間）を採用した。教員に個室が与えられないなんて、従来の大学では考えられないことだ。教職員と学生が交わり、共に育つ空間にするために、このアイデアが取り入れられた。

もし、さまざまな制約がなかったとしたら、こうしたユニークな発想は生まれなかっただろう。制約があったからこそ、それを乗り越えるにはどうすればいいかを、真剣に考えなければならなかったのだ。つまり、**厳しい制約があるほど、「Super“How”」が発動する**というわけだ。制約がきついなと感じたときこそ、発想の転換で新しいものを生み出せるチャンスと捉えてみよう。

おもしろいと感じる仕事というのは、ちょっと背伸びしてやる仕事なのではないだろうか。ちょっと背伸びして、頑張って、乗り越えられれば、いまよりも少し上へ行ける。乗り越えるときの楽しさを知ってしまうと、また乗り越えたくなる。そうやってプレイフルに上昇スパイラルに乗っていければ素晴らしいと思う。

そのための一歩を踏み出そう。

何も恐れることはない。**あなたが動いたぶんだけ可能性は広がっていく。**一歩を踏み出してみれば、それが思うほど大変なことではないことに気づくはずだし、何より前へ進んでいく自信と勇気を取り戻すことができるはずだ。

メタ認知的学習空間

Playful Furnitureと呼ぶ365の椅子

仕事をプレイフルに

第 4 章

形にしないとはじまらない

アウトプットは省察のもうひとつのカタチ

僕たちはみな、自分たちが経験したことや発見したことを人に語りたい存在である。質のいい経験をしたら、それを人に語りたいと思う。

「昨日こんな映画を観て感動した」とか、「久しぶりに会った友人とこんな話で盛り上がった」などと話すとき、僕たちは単に物事の羅列を話すのではなく、**自分なりにストーリーを作って**話している。相手にわかるように説明していくうちに、「そうか、昨日なんとなく感じていたことは、こういうことだったんだな」と自分で納得したり、理解を深めたりすることもある。こういう気づきを得られたときは、うれしいものである。

頭のなかにある自分の考えを外に出すことを、「アウトプット」という。誰かに話したり、文字に書いたり、絵や図で表現したりするのは、みなアウトプットである。

頭のなかで考えているだけでは、思考がぐるぐる回るだけで考えがまとまらないことも、紙に書いたり誰かに話したりするだけで考えを整理できた、という経験は誰にでもあるだろう。アウトプットすると考えがまとまるのは、頭のなかにある考えを**「外化」**して、**「可視化」**や**「言語化」**を行うことでメタ認知することができるからである。メタ認知しながら意味を再構成し、ひらめきや気づきを生み出している。しかも、外化されているぶん、頭のなかだけで考えるよりも考えやアイデアが**具体化されやすい**。アウトプットは省察のもっともパワフルな手法なのである。

アウトプットのよいところは、可視化したり言語化することで自分なりにメタ認知できるだけでなく、他者とも共有できるようになることだ。頭のなかにあるだけでは、誰も意見を述べることはできないが、アウトプットして共有することによって、「それってこういう意味？」「それだったらこうしたほうがいいのでは？」と新たな気づきや発見につなげていくことができる。自分だけの世界から、**他者を含めた世界へと可能性を広げていくことができる**のである。

頭に思い浮かんだことは、とにかく紙に書いてみたり、人に話してみよう。ひとりで考えるときでも、誰かとディスカッションするときでも、お互いの脳みそをいったん目の前に出してメタ認知することで、「考える」という行為がよりプレイフルに活性化されるだろう。

また、アウトプットは学びそのものの行為でもある。よく、知識や情報を「インプット」することが学びだと誤解されがちだが、それは違う。アウトプットする過程において、インプットした知識や情報を自分なりに咀嚼し、意味の組み替えや再構成を行うことで自分のものにしていくことができるのである。これを**「創造的借用（creative appropriation）」**という。

たとえば、建築家にとって、世界の素晴らしい建築をたくさん見ることは、自分の引き出

創造的借用

しを増やすための重要なインプットになる。建築家の小堀さんも、世界の名建築を見るために、海外へよく出かけるそうだ。ただし、「見るだけでは、自分の肥やしにはならない。理解した気になるだけで、本当には理解していないから」と小堀さんは話す。

彼が実践しているのは、建築をスケッチすることだ。スケッチという作業を通して、アウトプットするのだ。小堀さんの場合、建物の寸法を実測しながらスケッチするというから、ただ単にスケッチする場合に比べて、インプットの質も高くなる。最近はレーザーを使ってピピっと簡単に測れるらしい。実測してスケッチすることで、「設計者はきっとこんな意図でこれを設計したのだろう」と考えを巡らすのだという。

素晴らしいものを見たり聞いたりしても、インプットしただけでは、自分の血肉にはなりにくい。見聞したことを、「これはこういう意味だろう」と自分なりに解釈し、意味を再構築してはじめて、仕事で使えるノウハウとして蓄積されていくのである。

ビジネスで使えるプレイフル・アウトプット

それではここで、僕がワークショップで実践しているアウトプットの手法を紹介しよう。アウトプットすること自体が楽しくなり、それによって対話やディスカッションが活性化されるものばかりである。あなたの会社の会議やミーティングを楽しくするために、ぜひ参考にしてみてほしい。

①ポスト・イット®
みんなのアイデアや感想を書いて、貼るだけで、意見を共有したり議論を活性化できるツール。

ある水族館で、「魚をよく見てみよう」をテーマに、魚の生態を学べるようなワークショップを企画した。参加者には、200匹ぐらいのクロマグロがドーナツ型の大きな水槽の中をすごいスピードで回遊している様子を観察してもらった。そして、発見したことをリアルタイムでポスト・イットに書いてもらい、水槽のガラススクリーンに貼ってもらった。

観察はひとりですることが多いが、みんなの感想を可視化することで、「あ、こんな発見があるんだな」とお互いの気づきを共有したり、思考を触発することができる。このワークショップは、専門家に魚の知識を教えてもらう伝達型の学びではなく、**みんなの観察眼を合わせてひとつの巨大な知のネットワークを創り上げ、協同でクロマグロの生態に関する理論を作っていく試みであった。**

ポスト・イットは、手軽にもち運べて、小さいから貼っても場所を取らないし、貼ったりはがしたりできるのも便利である。カラフルな色を使うことによって、それだけで学びを活性化させることができる。

感想や意見をポストイットで可視化

ポスト・イットは、職場でもよく活用されているアウトプットツールである。社内での試作品発表会や試飲会、試食会などで、参加者が感想や意見をその場でポスト・イットに書いて貼っていけば、さまざまなアイデアが可視化され、意見交換や議論の活性化につながる。

②ロッケンロール（大きなロール紙）
みんなの意見や感想を大きな紙に書きながら、参加者同士が一緒に考えることができるツール。

僕がいつもワークショップで使うのは、**788mm × 50m の長くて大きなロール紙。**これを床やテーブルの上に広げ、参加者には感じたことや考えたことを自由に文字や図に表現してもらっている。

この紙を囲んでディスカッションすれば、みんなで一緒に考えるためのツールにもなるし、幕のように天井から垂らして使えば、空間を演出するための小道具にもなる。みんなでこの紙に発色のいい**ヴィヴィッドな太いペンを使って書けば気分がロックになる。**そのような意味を込めて、僕はこのロール紙を「ロッケンロール」と呼んでいる。

このロール紙は、大きく書けるのがメリット。大きく書こうとすれば、頭で考えるのではなく、自然に身体を大きく動かしながら考えるようになる。

職場でもロール紙は大活躍するだろう。会議やミーティングのテーブルの上に大きな紙を

空間を一瞬にして変化させるロッケンロール

置くだけで、空間が生き生きとしてくる。参加者が思いついたキーワードやアイデアを、その都度文字や絵や図で書き込んでいく。みんなの脳みそを紙の上に可視化してみるとよい。

誰かが書いた文字の横に、ほかの誰かが関連するキーワードを書き足していけば、みんなのアイデアや考えが紙の上でリミックスされて、議論が活性化されるはずだ。誰かひとりがホワイトボードに記録する場合に比べて、全員参加の意識も強まるだろう。目の前の紙に書いていくうちに、書くこと自体が楽しくなって、意見やアイデアも出やすくなるに違いない。

最近では、このロール紙に会議やワークショップの進行をリアルタイムに描いていくことで、進行を可視化する手法が採られている。これを**スクライビング（scribing）**と呼ぶ（グラフィック・レコーディングともいう）。ロール紙は、省察のためのパワフルな道具として活躍している。

③レゴブロック®

気持ちや考えをレゴブロックで表現することで、共感しながら対話し、みんなでアイデアを共有、省察することができる。


無形のものに色や形を与えるという意味で、ユニークな表現や省察の手段となっている。

僕が授業やワークショップでよくやるのは、レゴブロックを使って気持ちを表現してもらうというものである。**「日曜日の一日の気持ちの変化をレゴブロックで表現してください」**

スクライビングで進行を可視化
（スクライビング：中塚優音）

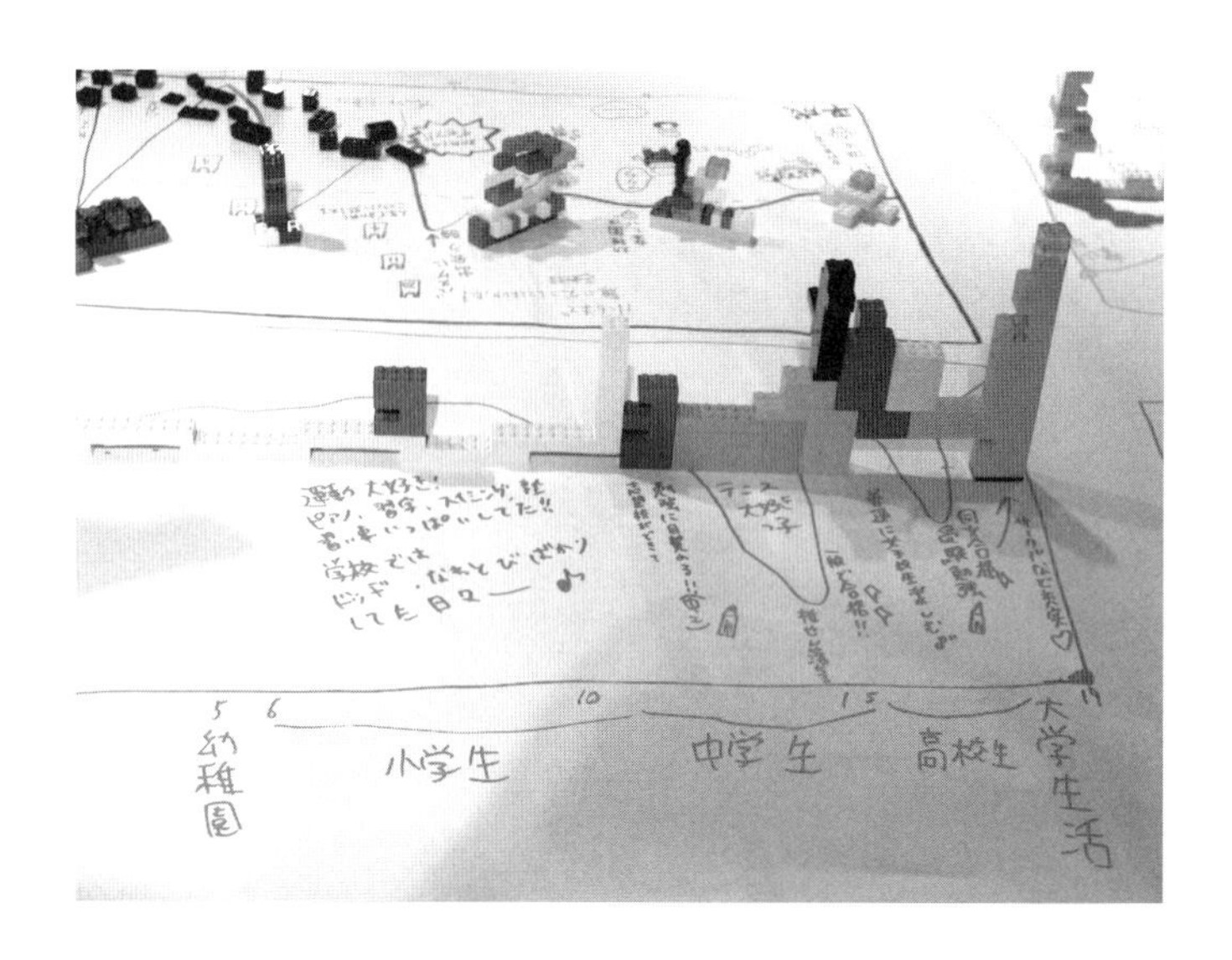

レゴブロックで表現した履歴書

という課題を出す。たとえば、「朝は雨が降っていて憂鬱だった」「お昼に友人からランチに誘われ、気分が明るくなった」といった気持ちを、キャプションと一緒にレゴブロックで表現してもらうのである。

普段はあまり意識しない自分の気持ちを、色や形のあるレゴブロックで表現することで、自分の気持ちをより深く観察したり、意味づけすることにもつながる。レゴブロックで表現したものを他者に説明するときにも、新しい発見があったりする。

また、別の授業では、自分の妄想をレゴブロックで表現してもらった。「あなたのビジョンは？」と聞かれると、堅く考えてしまうけれど、「あなたの妄想は？」と聞かれたら、思い切った冒険ができる。「宇宙に行きたい」と大きな夢を描くのもよし、「学校をつくりたい」と秘めた想いを打ち明けるのもよし。そして、組み立てた「妄想」を見せながら、ひとりずつ発表してもらうのだ。

名づけて**「妄想の展覧会」**。

組み立てられたレゴブロックがあれば、聴いている人も妄想を共有できる。発表する人も、妄想を形にすることで、どうすれば現地点から妄想にたどり着けるかを考えはじめるようだ。

もしかしたら、**妄想を妄想で終わらせず、実現できるかもしれない！**

僕らは、知らぬ間に、自分に足かせをはめていることがある。妄想を形にすることで、自分の可能性を解き放つきっかけになるのではないだろうか。ビジネスパーソンにも、ぜひ試してみてほしい。

レゴブロックを職場で応用するなら、自分の仕事やプロジェクトの構想や状況をレゴブロックで表現してみるのはどうだろう。仕事の進捗状況や、得意先との取引状況などを、色や形で表現してみるのである。目標達成までの距離はどれくらいか、自社と競合他社とのポジショニングはどうか、新たにどういう市場が考えられるのか、などをレゴブロックを使って表現してみると、現状がより具体化して見えてくるだろう。そうやって現状をメタ認知すれば、次の動きや戦略を考えやすい。

プロトタイプをつくる

ビジネスの現場で使われる「アウトプット」という言葉には、「結果」とか「成果」のように、より「完成形に近いもの」のイメージで使われる場合も多いようだが、**アウトプットは必ずしも完成形である必要はない**。

そもそもアウトプットとは、考えやアイデアを外化することでメタ認知し、よりよいアイデアにブラッシュアップしていくためのものである。だから、最終形に至るまでには、未完成の状態のままでいいからどんどんアウトプットしたほうがいい。

そこでぜひ実践してほしいことが、**プロトタイプを作る**ことである。

プロトタイプとは、最終形に到達する前に作る試作のことである。実際に商品を開発するときは、いくつもの試作品を作って、モニター調査の結果をもとに改良を重ねていくが、それをあなたの仕事においても実践してみてほしい。

たとえば、企画書や提案書を作成するときに、はじめから完成した企画書や提案書を目指すのではなく、その前にプロトタイプを作ってみるのだ。プロトタイプだから、考えがうまくまとまっていない部分があったり、ところどころ穴が空いていてもかまわない。**いまの段階のものを外化して、メタ認知してみることが大事なのだ。**そうすることで、「もっとこういう要素があるといいな」とか、「ここは必要ないな」といったことが見えてきて、最終形の質を上げていくことができる。また、それを上司や同僚に見せることで、意見やアドバイスをもらうこともできる。

建築家が設計段階でつくる模型も、プロトタイプの一種だ。序章でも書いたとおり、これまでにない新しい建物を造ろうとするとき、「こうすればアイデアを具現化できる」という確実な方法はない。だからこそ、「アイデアを具現化する方法を探るには、とにかく形にしてみることが大事」と小堀さんは話していた。

最近は、ＣＡＤを使えば効率的に設計できるが、パソコン上で完結してしまう。ならば、わざわざ模型を作る理由は何だろうか。

小堀さんによると、「２次元の図面から３次元の模型にすると、得られる情報量が圧倒的

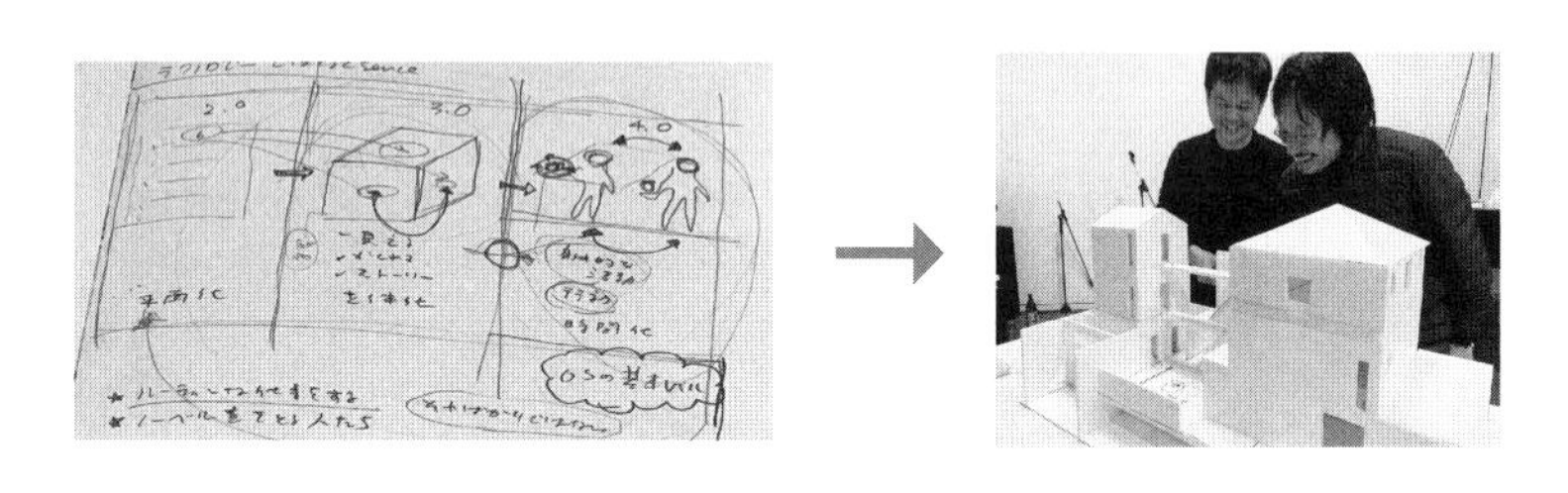

スケッチ　　　　模型

概念の空間化

に増え、知り得なかった情報が見えてくるから」だという。たとえば、窓からどのように光が差し込むかを知りたいなら、実際に模型を作り、光を入れてみることで新しい発見ができる。**概念の空間化**である。

必要に応じて、実寸の10分の１の模型を作ることもあるそうだ。模型の中に入った気持ちで動き回れば、建物の中を人間が移動すると景色がどのように変化するのかを確かめることができる。つまり、人間の動きが加わったことで、３次元の空間が４次元へと変わるのだ。**次元が上がることで、模型が語り掛けてくる情報量もさらに増えていく。**

模型を何度も作りなおしていくうちに、「これだ！」と思える最適解が見つかるという。CADが自動的にはじき出す寸法に従うよりも、自分の感性で答えを見つけるほうがずっとおもしろいことは言うまでもない。

「このプロセス（模型との対話）を通してしか、答えは見えてきません。それがわかっているから、大量に模型を作るんです」と小堀さん。プロトタイプを作ることが、アイデアを具現化するための最強のアプローチなのである。

はじめからカチッとプランして、いきなり完成形を目指すのではなく、プロトタイプを作って「ああでもない、こうでもない」といじくりまわしながら考えることを、**「ティンカリング（tinkering）」**という。

いじくりまわしているうちに、新しいものが生まれたり、思考や概念を発見したりするこ

模型との絶えざる省察的対話を繰り返す

とがある。レゴブロックはその典型だろう。レゴブロックに触れて、動かすことで、アウトプットすること自体が楽しくなってくる。

仕事でアウトプットする際には、まずは形にしてみよう。それをもとに、**手と目と心を使ってティンカリング（試行錯誤）**し、完成形に近づけていくスタイルを意識してみてほしい。

プレイフル・プレゼンテーション

インタラクティブに進化していくための手段としてアウトプットを捉えてみると、プレゼンテーションに対する認識も変わってくる。

プレゼンテーションというと、パワーポイント®の資料をもとに一方向的に説明するというイメージが強い。だが、こう考えてみてはどうだろう。

プレゼンテーションとは、そのあとに起こる議論のための材料や話題提供であり、議論のベースとなるフレームワークや考え方の提示である。それをもとに、オーディエンス（提案を受ける人）も交えて議論し、気づきや発見を生み出すような創造的な協同作業であると。

つまり、提案者が一方的に説明したり説得するためのものではなく、お互いの理解を深めるインタラクティブなコミュニケーションである、と考えることができるのである。

そのような前提に立つと、プレゼンテーションのやり方も変わってくる。提案者には、**メッ**

セージの本質を相手に伝えるための、あらゆる努力が求められる。

そのために大事なことは、**メッセージの本質を伝えるためにふさわしいメディアを選ぶことである。そのメディアはパワーポイントだとは限らない**し、実際に実物を見せたほうが理解が深まる場合もあるだろう。

僕は以前、ある企業にワークショップの提案をする際、ワークショップには「つくって、かたって、ふりかえる」という三層のプロセスがあることを理解してもらうために、三層のケーキを実際に作ってもっていったことがある。とても勇気のいることだったが、視覚的なインパクトとプレゼン方法のユニークさで、相手に深く印象づけることができた。それに何より、ケーキを前にすれば誰でも顔がほころんでしまうから、その場の空気を一気に和ませることができるのだ。

提案者が話題を提供したあとには、お互いの議論を深められるような仕掛けや活動を組み込むことが重要である。じつは、プレゼンテーションの後半が一番おもしろい部分なのだが、大抵は5分程度の質問時間が設けられているだけで、あまり重要視されていないのではないだろうか。**オーディエンスに問題の本質を体感してもらうようなワークショップを取り入れたり**、先ほど紹介したポスト・イットを活用して議論を可視化してみてはどうだろう。みんなでワイワイと議論できるようなインタラクティブな活動を通して、伝えたいメッセージへの理解を深めていくのである。

学びの三層モデルをケーキでプレゼンする

提案者は「私が考えた素敵なアイデアを**相手にプレゼントしよう**」という気持ちでメッセージを伝え、オーディエンスは「素敵なアイデアにたくさん出合えてよかったな」という気持ちになる。お互いに発見や喜びがあってこそ、プレイフルなプレゼンテーションになる。

こう書くと、「ビジネスの現場でそのようなプレゼンテーションが可能なのか」と疑問に思われる読者もいるかもしれない。現実はもっとシビアだ、と。

だが、どんな状況であっても、「相手に自分のメッセージを伝え、理解してもらう」というプレゼンテーションの本質は変わらない。伝え、理解してもらうための最善の方法を考えれば、一方的な伝達型では十分ではなく、インタラクティブなコミュニケーションであるべきだろう。

よりインタラクティブな方向へプレゼンテーションを変えていくには、オーディエンスの意識改革も必要である。伝達型のプレゼンテーションでは、提案する人がアイデアや解決策を出し、オーディエンスはそれを受け取るだけのお客さん的な立場になりがちだ。それが当然のことのように捉えられているのは、問題である。

僕が企業の人たちに提案するときによく言うのは、**「僕はみなさんの議論を活性化させるためのお手伝いはできるけれど、答えを出すことはできません」**ということだ。なぜなら、僕は、外部のコンサルタントとして問題点を指摘したり、解決案を提示することはできるけれど、問題の本質を本当に理解しているのは本人たちなのだから、彼らにとってふさわしい答えは彼らと共にしか導き出せないと思うからだ。

オーディエンスにも、プレゼンテーションに主体的に参加する意識が不可欠である。どちらか一方が答えをもっているのではなく、答えは双方で創り上げていくものだという意識で臨めば、プレゼンテーションはもっとプレイフルでクリエイティブな場になるだろう。

プレイフルアウトプット

第 5 章

もっと他力を頼りなさい

知能や能力は分散して存在する

玄関先にとても重そうな荷物が置いてある。出入りの邪魔になるので庭に移動したいのだが、ひとりでもちあげるのは大変そうである。あなたならどうしますか。

大抵の人は、誰かに手伝って運んでもらおう、あるいは、運搬するための道具を借りてこよう、と考えるのではないだろうか。重い荷物をひとりでもちあげるのは大変だけれど、誰かに手を貸してもらえば、ラクにもちあげることができるのである。

これは仕事をやるときも同じ。「私ひとりでやらなくては」と考えるとプレッシャーになるけれど、「私ができる部分を担当しよう」と考えてみれば気分はラクになる。

最近の認知心理学の知見では、**課題を解決するために必要な知識やノウハウは、ひとりの個人の頭のなかにすべてあるのではなく、状況や道具や人のネットワークのなかに分散している**と考えられている。これを**「分散された（わかちもたれた）知能（distributed intelligence）」という**。

僕自身、この「分散された知能」を身をもって実感したことがある。アメリカの大学で研究をしていたころ、調査データの分析に困って教授に相談したことがあった。日本でなら、「統計学の勉強をして、自分で分析しなさい」と言われそうなところだけれど、「あなたの専門は統計学じゃないのだから、専門家を雇いなさい」とアドバイスされたのだ。僕は研究というのは自分ひとりで全部やるものだと思っていたから、「専門家に頼むなんて、そんなラクしてもいいのかな」と思ったけれど、その教授に言わせれば、「あなたがすべきなのは分析データの解釈であり、どのような統計的処理が適切かは専門家と相談しなさい」とのこと。これが「知能が分散されている」ということなのだなと実感したものである。

ただ注意していただきたいのは、分業をして完全に他者に任せてしまうということではない。自分も問題の全体像をつかんだうえで、それぞれの専門家の知恵や道具を借りて、**共に考え問題を解決するということ**が、大切なのである。

僕たちは全知全能ではないのだから、そもそもひとりでできることは限られている。それをひとりでやろうとすることは間違っているのかもしれない。できないなら勉強してできるようになればいい、とも教えられてきたけれど、できないことをゼロからはじめるのは時間がかかるし、それこそ大きなプレッシャーになる。それに、もし僕が1年かけて統計学の勉強をしたとしても、専門家の仕事には到底かなうはずもないし、専門家に頼んだほうがずっとクオリティの高い成果が得られるだろう。そのぶん僕の研究のクオリティも高まるだろうということは、考えてみれば当然のことなのだ。

よりよい仕事をすることを第一に考えれば、ひとりでやるかどうかは大した問題ではない。それよりも、それぞれの得意分野をもちよって一緒に課題解決にあたったほうが、ひ

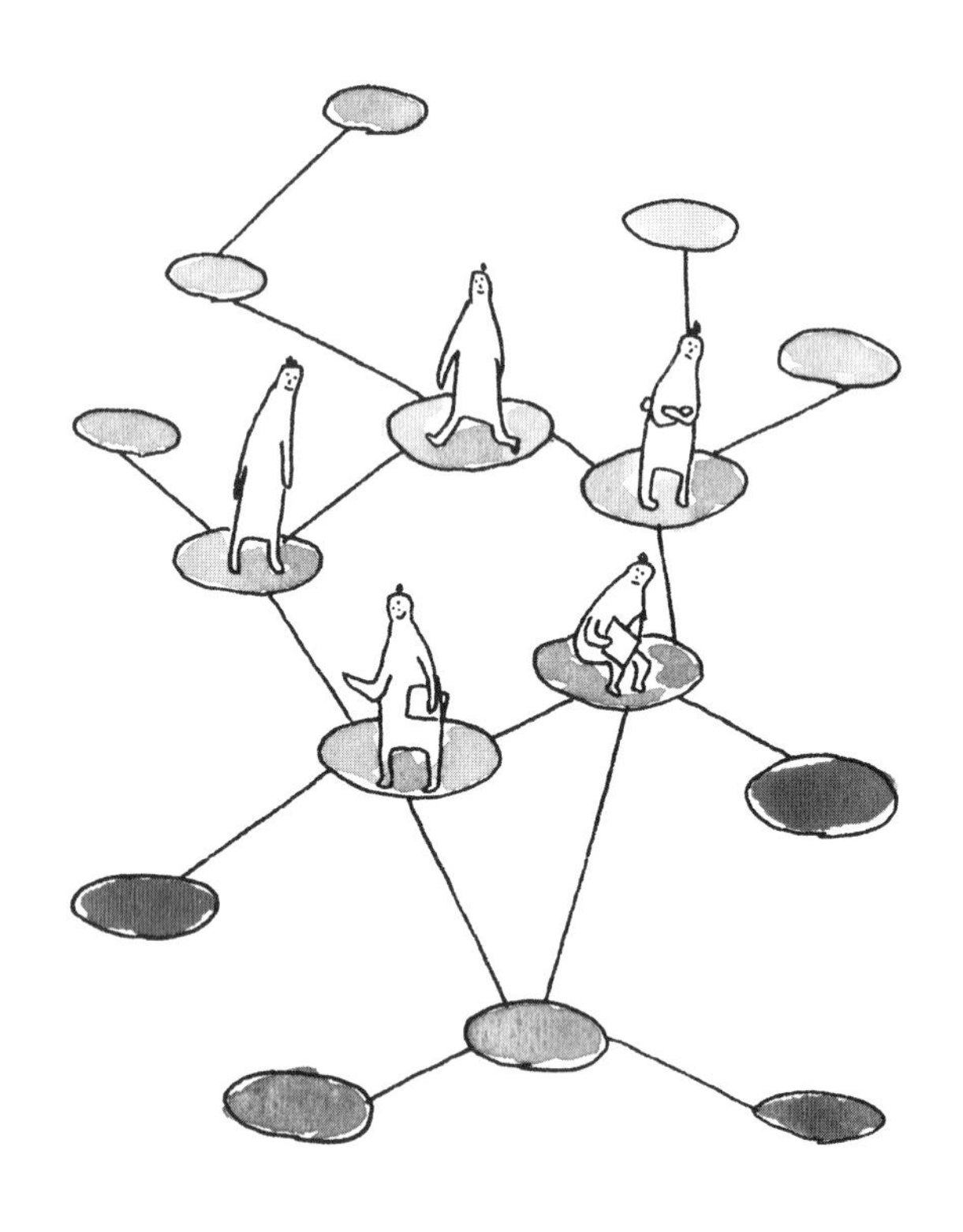

知識やノウハウは分散して存在する

とりの力ではできないことを実現することができるのである。

憧れの最近接領域

他者の力を借りることで、ひとりではできなかったことができるようになるだけでなく、自分が潜在的にもつ**成長の可能性までも伸ばすことができる。**

子どもが新しいことに挑戦するときに、大人が手を貸したり、有能な仲間と一緒に取り組むことで、自分ひとりの力で到達できるレベルよりも高次の問題解決が可能になる。心理学者のヴィゴツキー（Vygotsky, L. S.）は、これを＊**「発達の最近接領域（Zone of Proximal Development: ZPD）」**と呼んだ。子どもひとりで解決できる現時点の発達レベルと、大人のサポートがあれば解決可能になる**潜在的な発達レベルとの間に存在する領域である。**

僕がこの概念に感動したのは、人の能力の上限に注目しているところだ。僕たちには「これが自分の能力の限界だ」と感じるレベルがあるけれども、誰かのサポートがあれば、その限界レベルをもっと引き上げることができるというのだ。優秀なコーチに恵まれたスポーツ選手の成績が急に伸びることがあるように、僕らがいまもっている能力よりも、**誰かのサポートによって開花する明日の能力**にこそ意味があるのかもしれない。

そこで僕は、ヴィゴツキーの考え方を自分なりに解釈して、**「憧れの最近接領域（Zone**

＊最近接発達領域という表現の方が原語に即した日本語訳である。

of Potential Confidence: ZPC)」という概念を考えた。**「あの人とだったらできそうだ」という他者込みの自信のことである。自分ひとりで実現するのは難しいけど、あの人とだったら「憧れ」に到達できるかもしれない**と思えること、**誰かと一緒だからこそ生まれてくる自信**のようなものがあるのではないかと思ったのだ。課題に取り組むときに、自分ひとりでできる範囲を考えるのではなく、先輩や有能な仲間のサポートを得られればこんな仕事にも挑戦できる、という可能性を感じてみよう。そうすれば、仕事に取り組む勇気と希望がわいてくるはずだ。

「あの人」がひとりの場合もあれば、複数の場合もある。「あの人たちと一緒にやれば最高のものが生まれるはずだ」というドリームチームが実現したら、最高にワクワクするだろう。

あなたの周りに「この人とだったら」と思える人はいるだろうか。ヒット商品を連発しているアイデアマンの先輩とか、笑顔が素敵なトップセールスマンとか、社内外の人脈が豊富な同僚とか、この人と一緒に仕事をすれば自分も触発されてすごいことができるんじゃないかと思えるような人。あるいは、友人や知人でもいい。いつもポジティブでエネルギッシュで、この人の近くにいれば自分も新しいことに挑戦していく勇気と元気をもらえるような人。そういう人たちと一緒に仕事をしたり、一緒の時間や場を共有しながら、あなたが憧れる領域に少しずつ、そして確実に近づいているという実感をもつことができれば素敵なことだと思う。

憧れの最近接領域

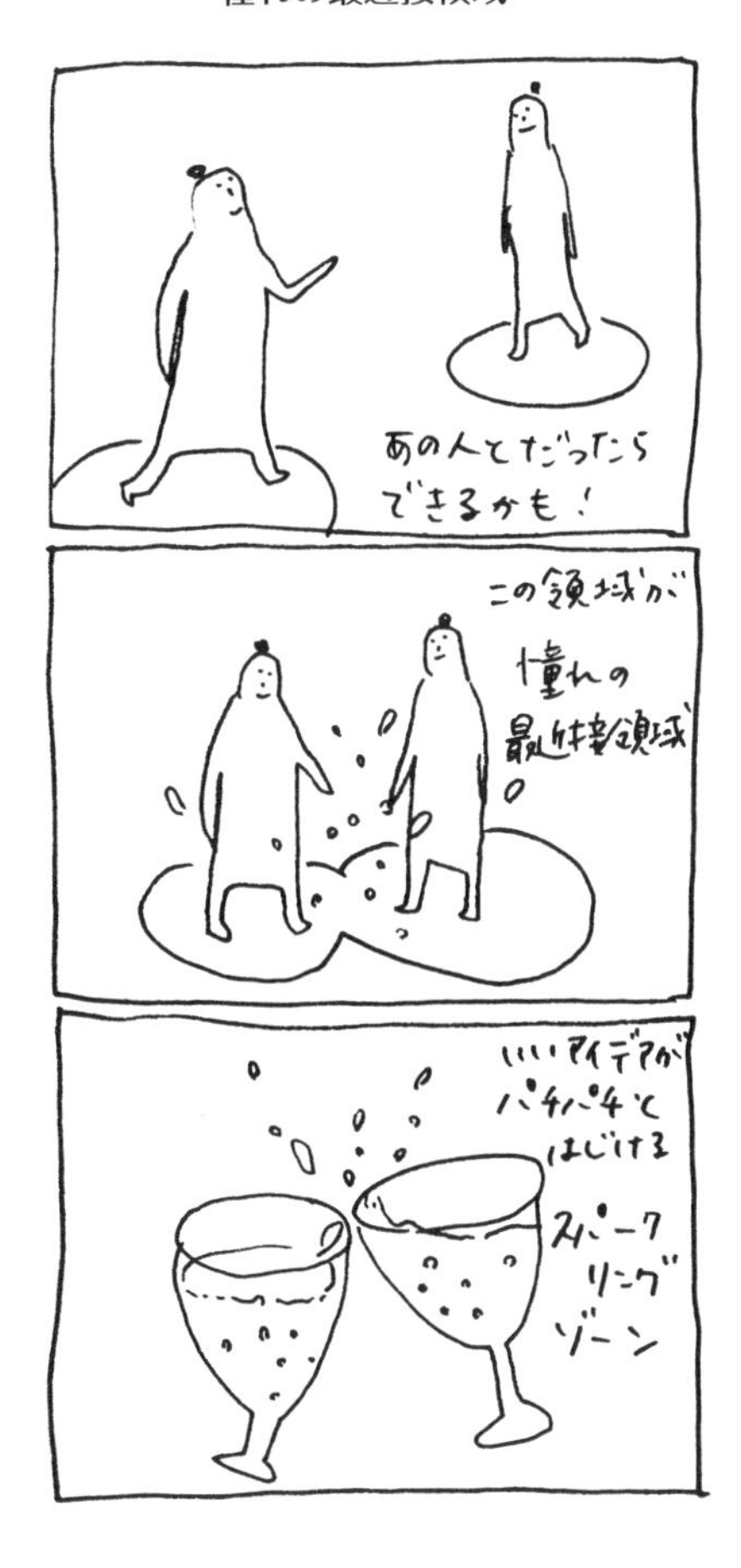
あの人とだったら
できるかも！
この領域が
憧れの
最近接領域
いいアイデアが
パチパチと
はじける
スパーク
リング
ゾーン

クラッシュを恐れない

仕事はひとりでやるものではない、仲間と力を合わせてこそ可能性も広がっていく、と頭では理解していても、ついひとりで仕事を抱えてしまったり、仲間と協同するのが苦手だという人もいるのではないだろうか。

ここでは、どうすれば他者とうまく協同していけるのか、また、協同していくのに必要とされるインタラクティブな関係を築くにはどうすればいいのかを考えてみたい。

他者と協同するとき、考え方の違いや意見の対立が生まれることがある。波風を立てたくないために、対立を避けようとする人も多いのではないだろうか。

そこで僕が提唱したいのは、対立を怖れず、異なる意見にもプレイフルにぶつかっていく**「プレイフル・クラッシュ（playful clash）」**だ。

ここでいう「クラッシュ」とは、ぶつかって壊れるという意味ではない。異なる分野の人と出会い、異なる視点や考え方に触れたときに、「そんな発想もあるのか!?」と**ハッと驚くような感覚**を指している。つまり、考えや意見の違いをおもしろがり、他者の意見を尊重しながら、より新しい考えに止揚するという感覚だ。他者とのクラッシュを通して、新たな発見や創造につながり、予想もしなかった解決策も浮かんでくる。だから、対立を恐れずにクラッシュしよう。

たとえば、クライアントへの提案を検討するとき、正攻法のA案に対して、ひねりを加えたB案をぶつけてみる。視点が異なるからこそ、議論の幅が広がる。結果的に、A案でもなく、B案でもなく、新たなC案が生まれるかもしれない。あるいは、2つの案を比較検討した結果、「やはりA案でいこう」という結論に落ち着く場合もあるだろう。クラッシュしたことで、異論や反論を受けたA案がより洗練されて強化されたとしたら、クラッシュは成功だ。いずれにしても、クラッシュを通して侃々諤々（かんかんがくがく）するプロセスが重要なのである。

クラッシュの概念をより理解してもらうために、ある香水の話をしよう。

コム・デ・ギャルソンから発売された、「クラッシュ（CLASH）」という名の香水だ。僕がプレイフル・クラッシュについて考えていたとき、偶然足を踏み入れた店で見つけたものだ。クラッシュという概念に魅せられているのは僕だけじゃない、とわかってワクワクした。

この香水のコンセプトは、「対立する2つの香りをぶつかるように組み合わせた実験的な香水」だそうだ。「実験的」というスピリットが素敵だと思う。

4章の「形にしないとはじまらない」でも述べたとおり、はじめから完成形である必要はない。「異なるAとBを混ぜてみたらおもしろいんじゃない？」くらいのテンションで構わない。それでうまくいかなければ、新たにCをぶつけてみてもいい。このように、**異なるもの同士が刺激し合い、発展していくのが、クラッシュの本質だと思う。**

クラッシュが苦手な人は、自分の意見に対して反対意見を言われると、自分自身が否定されたような気持ちになったり、自分が責められているように感じたりするかもしれない。

プレイフル・クラッシュで大切なことは、**意識の矢印を「人」ではなく、目の前の「課題」に向けること**だ。対立するのは人ではなく、意見である。「目の前の課題を成功させるために、どうするのがよいか」について、ああでもない、こうでもない、と意見を交わし合うのがクラッシュだ。僕とあなたは、同じゴールに向かって協力し合う仲間である。そう考えれば、意見の対立を恐れる必要はないことが理解できるだろう。

そのうえで、協同作業がプレイフルに進んでいくためには、お互いの考え方をまずは受け入れることが大切である。相手の意見に異論があったとしても、「あなたのような考え方もあるね」と肯定することである。

僕の経験を話すと、アメリカ人の研究者と2人で研究を行っていたとき、協同作業がやりやすいと思ったのは、彼が僕の意見をまずは共感的に受け入れてくれたことだった。僕が「こういうことをやりたいんだけど」と提案すると、必ず「それ、おもしろいね」と賛同してくれた。そのあとで、「だけど、この部分はこうしたほうがいいんじゃない?」と各論に入っていくのだが、最初から「だけど、これはちょっとおかしいよ」と言われてしまうと、自分のことを否定されたような気がして話が前に進まなくなってしまう。まずは、お互いの意見を認め合って、**共感的な理解を得る**ことが大切なのだと思う。

対立する2つの香りをぶつかるように組み合わせた
実験的な香水「クラッシュ（clash）」

自分の枠組みを広げてみる

相手の意見が自分とは異なるときに、それを柔軟に自分の枠内に取り込もうとする人と、拒絶してしまう人がいる。仲間と一緒に仕事をするのが苦手だと感じる人には、自分とは異なる意見を受け入れようという段階で、つまずいている人が多いのではないだろうか。

僕がアメリカにいたときに、友人の心理学者から、人には**「同化型」**と**「調節型」**の2つのタイプがあると聞いた。「同化型」とは、自分の理解の枠組みを変えずに情報を解釈する（同化する）タイプ。つまり、自分が知っていることや理解できることは受け入れるが、自分の理解の範囲を超えてしまうものは受けつけないタイプ。それに対して、「調節型」とは、新しい経験を取り込むために、自分を変える（調節する）タイプである。**自分とは異なる意見に出合ったとき、そのままの自分では受け入れられない場合、視点を変えることで自分の枠を広げて、なんとか枠内に取り込もうとするのだ。**

相手の意見や考え方を理解できないときに、「わからない、だから嫌いだ」といってゴミ箱に捨ててしまえば、お互いがそれ以上歩み寄ることは難しい。大切なことは、**「なぜそういう考え方をするのだろう」**と不思議がるくらいの気持ちをもって、相手がそのように考える理由や背景に思いを至らせてみることである。それで、「そうか、そういう考え方なら、私の度量をもう少し大きくすれば受け入れられるかもしれない」と考えることができれば、お互いの理解へ向けて一歩前進したことになる。異なる考え方や価値観との出合いをきっかけに、自分を成長させていくこともできるだろう。

仲間と一緒に仕事をしたがらない人のなかには、一緒に仕事をすると自分のやりたいようにできなくなってしまうから嫌だ、あれもこれもと仕事を押し付けられるから面倒だ、と思っている人もいるかもしれない。もっともな意見のようにも聞こえるけれど、「それって自分の枠組みを変えたくないからそう思うのではないだろうか」と自問自答してみてほしい。

たしかに、誰かと一緒に仕事をすることであなたの業務負担が増え、面倒だなと思うこともあるだろう。でも、あなたが自分の枠組みを変えないということは、あなたが変わっていくチャンスを捨てているということ、**あなた自身の成長を止めている**ということでもある。それはすごくもったいないことなのだ。

誰かと協同していくということは、異なる意見や価値観を受け入れるために、必要に応じて自分の枠を広げていくことでもある。「こんな考え方もあるのか」という新しい価値観と出合うことでもあり、それを受け入れることができる自分の可能性を発見することでもある。「あなたが変化していく」ということには無限の可能性が秘められている。そうやってあなたが変化していけるのも、他者の存在があるからなのである。

境界線がどこまで広がるか試してみる

人には「自分はここまで行ける」という境界線が存在し、その境界をどこまで遠くに動かせるかをつねに実験している——。こう提唱するのは第1章で登場したMITメディアラボのミッチェル・レズニックである。彼は境界を実験することを**「testing boundary」**という言葉で表現している。

レズニック教授によると、誰にでも「自分はここまでが限界だろう」という境界線があり、それはくっきりと描かれているというよりは、もっと曖昧で、つねに前後に動いているものである。そして僕たちは、新しい考え方や価値観に出合ったり、何かに挑戦するたびに、その境界線を**どこまで遠くに延ばしていけるか**を実験しているのだという。

たとえば、とても苦手な人とチームを組んで仕事をすることになったとしよう。相手は友だちにはなりたくないタイプで、どうしても好きになれない。できれば一緒に仕事はやりたくない。そんなとき、「あの人のことが苦手だから、チームを変えてもらおう」とあきらめてしまうのは簡単だけれど、その一方で「苦手な人ともどれだけうまく付き合っていけるか試してみよう」と考えて、あえて自分の境界線を試してみることもできる。苦手意識をコントロールして、相手と一緒に課題に取り組むことができれば、**「意外に許容範囲を広くもて**

るものだな」と自分の新たな可能性を知り、自信にもつながるだろう。

「自分はもう少し遠くまで行けるのではないか」「もっと変わっていけるのではないか」と自分の限界を試しながら勇気を出して乗り越えていくと、そこにはこれまでとは違った新しい世界が広がっている。そこでまた新たな境界線を設定し、またさらに越えていくことで、境界線を広げていくことができるのだ。

境界線を強く意識するのは、異なる考え方や価値観に出合ったときである。「え!?そんなふうに考えるの？」と驚いたり、「その考え方は違うんじゃない」と疑ったり、心に戸惑いや動揺が生じたときこそ、まさに境界線に立っているということである。そして、まったく異なる文化や分野の人と出会ったときほど衝撃は大きく、また、発見やイノベーションも大きいのである。海外に旅行したときなどに、日本では考えられない現地の人たちの習慣に度肝を抜かれた経験は、誰にでもあるのではないだろうか。

そこで「これは私の価値観とは違う」とゴミ箱に捨ててしまったら、境界線の存在を意識することすらできないだろうし、「私はそうは思わない」と否定してしまったら、境界線はそれより遠くへは動かないだろう。**異なる考え方や価値観に出合ったときは、否定せずに、まずは受け止めてみよう。そして、「自分の考え方に取り入れられるかな」と柔軟に考えてみて、あなたの境界線が広がるかどうかを試してみるとよいだろう。**

testing boundary

プレイフルに対話する

相手とインタラクティブな関係を構築するには、他者とのクラッシュを楽しみながら、相手の考え方や価値観を受け入れることがまず大切であることを述べてきた。

では次に、互いに共感的な理解を得るためにはどうすればいいのかを考えてみよう。

その答えは、**「対話」**である。

中原淳さんと長岡健さんの共著『ダイアローグ　対話する組織』でも論じられているように、**「創造的なコミュニケーション」として「対話」を捉えてみるのである。**相手の意見に対して「それは違う」と直感的に思ったとしても、すぐさま「それは違うんじゃないか」と相手を否定するのではなく、「なぜそう考えるのか」「それはどういう意味なのか」と相手の発言の裏にある背景や意図を聞いてみるのだ。表面的には反対意見のように思えても、根本的な考え方は似ている、ということだってある。

お互いの考え方の背景がわかれば、「それだったら、こう考えることもできるよね」と建設的な話し合いができるようになるだろう。互いに共感的な理解を得るには、**対話を通して前向きにコンセンサスを得ていく姿勢**がとても重要になってくるのである。

ところで、「対話」と「議論」の違いについて意識したことはあるだろうか。もっとも大きく違うのは、その目的である。

議論には、最終的に何かについて結論を出したり、**意思決定**するという目的がある。A案とB案があるなら、A案とB案のどちらがいいか、それぞれのメリットとデメリットを戦わせてどちらか一方のすぐれた案を選択しようとするのが議論である。

対話はそれとは違い、**コンセンサス**を生むことが目的である。A案かB案かの二者択一ではなく、それぞれの案が生まれた背景や考え方を理解しながら、**共有地を見つけていく作業である**。A案とB案のメリットを融合させて、まったく新しいC案を生み出そうとする建設的なアプローチも、対話なら可能である。

このような対話に不可欠なのが、**プレイフル・シンキング**である。お互いの意見の不一致をそのまま放置せず、「ちょっと待って、僕とは意見が違うけど、なんでそう考えたの?」と相手の懐に飛び込み、相手の考えを理解するために**本気の会話をする**。そこで感情的になって相手を攻撃するのではなく、相手への理解と共感を深めながら、お互いの共有地を探っていく。**状況をメタ認知的にコントロールして、お互いの考え方を認め合いながら協調していけるプレイフル・シンキングが、対話には必要なのである。**

プレイフルな対話

わかりあえない壁に立ち向かうとき

たとえばチームで課題に取り組むとき、あなたは相手と協同していきたいと思っているのに、相手の態度がそれほど乗り気ではない場合もあるだろう。あなたは少し気分を害されて、「せっかくこっちが一緒にやろうと言ってるのに、あの態度は何？」と文句のひとつも言いたくもなるかもしれない。だが、それを言ってしまっては関係はこじれてしまう。

そんなときは、あなたのメタ認知をフル回転させてみてほしい。相手がなぜ乗り気ではないのかを考えてみるのだ。もしかしたら、その課題に対して興味がわかないのかもしれないし、できるかどうか不安に感じているのかもしれない。あるいは、あなたのことをあまりよく知らないからそのような態度になっているのかもしれない。**状況をメタ認知してみることで、お互いの関係構築を阻害している要因やその改善策が見えてくるかもしれない。**見えてこなくても、そこには何らかの原因があるということに思いが至るだろう。それだけでも、気分を害されたあなたの気持ちは少しは収まって、相手と建設的な話し合いをしてみようと思えるようになるかもしれない。

状況をメタ認知できたら、次のステージとしては、**対話を通して共感的な理解を得ていくことだ。**「あなたはこの仕事についてどう感じているの？」「何かやってみたいことはある？」

といった問いかけを通して、相手がなぜ乗り気ではないのか、その理由を探っていくとよい。もし、相手が課題をおもしろくないと感じているのなら、相手にとって課題がおもしろく思えるような意味づけを2人で考えてみることも必要だろう。

年次が上がるにつれて、規模の大きな仕事を任されるようになると、社内や社外を問わずチームで協同して課題に取り組む機会も増えてくるだろう。同じ企業文化を共有する社内スタッフとならある程度あうんの呼吸で仕事ができるかもしれないが、社外の人と仕事をする場合は、まずは仕事のやり方や取り組みの姿勢を理解し合うところからスタートしなければならないこともある。仕事をするということは、価値観や考え方の違う人たちと、いろんなレベルでの話し合いと合意を重ねながら、ひとつひとつ階段を上っていくことでもある。

そこに立ちはだかるのが、**わかりあえない壁**である。相手の「仕事に対する本質の捉え方」がそもそも間違っているとか、相手の主張は間違っていないけれどなぜかわかりあえない、ということもあるだろう。それでも協力して仕事を進めていかなくてはならないときに、どうしたらいいのか悩んでしまうのである。

そのようなとき、**「プレイフルな対話」**が状況を変えていく鍵になる。あなたがその課題をどう捉えているのか、どうしていきたいのか、相手に何を求めているのか、そして相手はどう考えているのか。建設的な対話を試みることが、ひとつの突破口になるのではないだろうか。

それでもわかりあえないことはあるだろうけど、どこまでわかりあえて、どこからはわかりあえないのかを知るだけでも、対話を試みた価値はあるだろう。

「何をやるか」より「誰とやるか」

仕事は、誰と一緒にするかでまったく違った結果になる。誰とでもいいわけではなく、**「誰とやるか」**がとても大事なことなのである。

いつも好きな人たちとだけ仕事ができるわけではないけれど、僕は**「この仲間とやるとどんなにおもしろくなるか」**をいつも考えるようにしている。それぞれのもち味や得意分野を掛け合わせたら、どんなにおもしろいものができるだろうかと考えるのだ。この仲間だからこそ生まれるパワーやイノベーションを大切にしたいと思っている。

そうすると、ときどき予想もしない素晴らしい風景に出合えることがある。それはまさに、インタラクティブな関係が生み出す化学反応のようなものである。僕が実践しているワークショップでも、おおまかな活動の目的は決めるけれども、最終的にどういうゴールを目指すかまでは決めないことが多い。あとの楽しみのためにとっておきたいのである。おもしろいテーマがあれば、みんなでそれに乗っかってどこまで行けるだろうかと考える。何に出合うかわからないけれど、これまで見たことのない風景をみんなと一緒に見たいと思う。そうすることで、ひとりでは乗り越えられない壁や制約も乗り越えていくことができるのである。「何をやるか」は大切だけれど、あまりにガチガチに固めてしまうと、そこから逆算してゴールに向かっていくことになり、仕事のおもしろさは半減してしまう。「誰とやるか」によって仕事のやり方やクオリティが変わってくるのであれば、それによって「何をするか」も微妙に変化していいはずである。お互いのインタラクティブな関係からスパークして生まれてくるものを、もっと大切にしてみてはどうだろう。

もっとも新鮮な素材は現場にある

僕にとって「誰とやるか」はとても重要な要素であるから、最近ではワークショップで話をするときも、実際に参加者の人たちの前に立ってみないと話す内容が決まらない、という少々困った事態になっている。

ワークショップのプレゼンテーターとして招かれるときも、いよいよ前日になって「レジュメを送ってください」と催促されるのだけれど、「まだ何を話すか決まってないんです」と答えるしかない。よく誤解されるのだけれど、これは決していい加減に考えているわけではなく、現場に行かないとアイデアが生まれてこないのである。僕以外の講師の人たちは、すでにきちんとしたレジュメを送っていることが多いのだが、意地悪な言い方をすれば「誰が来るのかもわからないのに、なんで完璧に準備ができるのだろう」と思ってしまうのだ。
「誰とやるか」や「何をやるか」も含めて、僕にとっての素材は**「現場」**にしかない。つまり、僕が参加者やスタッフに対面したその場で生まれ出てくるものが、もっとも新鮮で、クオリティが高く、その場で必要とされているものだと信じているのである。

直前まで活動の内容が決まらない不安を抱えながらも、当日にはきっとワークショップの神様が降りてきて、楽しくなるだろうなという予感だけはある。そして、その予感は割と高い確率で当たっている。

その理由を僕なりに考えてみると、僕自身は素材をもたないけど、**「よく切れる包丁をもっている」**のだと理解している。僕にとっての**包丁**とは、**メタ認知能力や即興的なプレイフル・シンキング**だ。ワークショップの現場で、参加者やスタッフの状況を瞬時に把握しながら、最適な場を創り出していくための舵取りをするのが僕の得意とするところである。自分がもっている素材だけで料理をするのではなく、その場に集まった人たちや彼らがもちよる知識や情報(素材)を、僕のよく切れる包丁でさばいて、最高においしい料理を作りたいと思っているのである。

だから、僕の場合は、素晴らしい素材（コンテンツ）をもっている人と一緒に仕事をするとうまくいくことが多い。豊富な専門知識をもち、物事の本質がわかっている人と組むと、僕の包丁が切れ味よく動いて、素晴らしいワークショップができるのだ。

繰り返し述べてきたことだが、理想的なコラボレーションとは、それぞれが得意なものをもちよって共通の課題に取り組むことである。もちより会であれば、あなたが何を提供できるのかを考えて、「私は包丁をもっていきます」「私は素材をもっていきます」「じゃあ私はスパイスを」となればおもしろい。

そのためには、あなたが何をもっているのかを知ることも必要だろう。包丁をもっているのか素材をもっているのか、素材ならどんな種類の素材をもっているのか。**それぞれが得意なものをもちよって、自分の境界線を柔軟に拡張しながら交互作用していけば、仕事はもっとおもしろくなるに違いない。**

誰もがデザイナーになって、ものづくりに興奮する

これからはプロと素人の境界すらなくなり、誰もが主体的にものづくりに参加するようになる。そう提言するのは、**co-design research** の専門家である**リズ・サンダース（Liz Sanders）**と**ピーター・ヤン・スタッパーズ（Pieter Jan Stappers）**だ。

何かモノを作るとき、昔はプロに依頼して作ってもらうのが一般的だった。サンダースらは、プロのデザイナーがクライアントのためにデザインすることを**「for people」**と表現した。それに対して、今はデザイナーとクライアントが協同して作り上げるケースが増えてい

る。for people に対して、**「with people」**である。

そして将来は、クライアントとデザイナーだけでなく、もっとさまざまな人たちが一緒になって社会をデザインする時代がやってくるとサンダースらは指摘する。**「みんなで一緒に夢を見よう（collective dreaming）」**というわけだ。素人だからという理由でプロに任せる時代は終わりを告げ、一人ひとりがアイデアを出し、未来へ向かって可能性を発見するために知恵を絞るようになる。つまり、すべての人がデザイナーになる、**「By people」**の時代の到来だ。

そのときのデザイナーの役割は、すべての人がデザインに取り組めるような仕掛けやツール（考え方や枠組みなども含む）を用意し、彼らのポテンシャルが融合・開花するような場や状況をつくることに主眼が置かれるだろう。

これまでの、デザイナーがクライアントを巻き込んでいくという構図が、デザインにかかわる当事者全員が一丸となって成長していくという学びの風景に変わっていく。

これが、かつての for people や with people との大きな違いである。もちろん、プロの知識やスキルに頼る部分はあるものの、全員が主体的にものづくりにかかわり、ものづくりに興奮するのだ。

一人ひとりは凡人でも、**互いに協力し合い、それぞれの専門知識や才能を発揮すればひとりの天才をしのぐ価値を生み出すことができる。**この考え方を、**「集合天才（collective**

genius)」という。これからはひとりの天才の力を頼るのではなく、チームで協力し、集団として高い能力を発揮する集合天才の考え方が主流になると僕は思っている。プロか素人かにかかわらず、一人ひとりがデザイナーの意識で主体的にかかわることが、当たり前になる時代がやってくるだろう。

誰かにやってもらうのを待つのは終わりにしよう。その代わり、自分が一歩踏み出して、**集合知**に貢献するのだ。これが圧倒的に楽しいことだと、一人ひとりが理解し始めると、自分が動くことで周りによい影響を与える人が増えて、社会はもっとよい方向に変わっていくはずだ。

わたしたちの時代、プレイフル・カンパニーの時代

一時期、ビジョナリー・カンパニーがもてはやされた時代があった。**ビジョナリー・カンパニー**とは、**先見性のある卓越したビジョンに向かって成長していく企業**のことであり、社会にどう貢献していくのかという基本理念を大切にしつつ、経済的発展への意欲の強い会社であるとされていた。

さて、これからの時代に注目されるのは**「プレイフル・カンパニー」**である。プレイフル・カンパニーとは、個々人が真剣にかつ楽しみながら仕事に取り組み、ワクワクドキドキする

協同作業から新しいアイデアやイノベーションが生まれてくる組織のことだ。そこには**素敵な大人の学び**が展開され、仕事そのものが楽しく、活気にあふれている。個々人が楽しく仕事をするなかで自己実現を目指し、そのエネルギーが大きなうねりとなって組織全体を動かしていく。そんなプレイフル・カンパニーの時代が幕を開けようとしている。

厳しい経済情勢のなか世の中全体が硬直し、新しい挑戦や投資が行われにくい状況になっている。先行きは不透明で、将来への社会不安も渦巻いている。こんな時代にこそ、明るく、楽しい、活気ある職場が必要だ。生きることに喜びを感じられるプレイフルな職場が求められているのである。

第 6 章

人をプレイフルにする
環境の力

ハンズオン！　の環境が学びを楽しくする

さて、これまでは仕事がおもしろくなるように意味づけしたり、他者との関係性を協調的かつインタラクティブに変えていくことで、プレイフルに仕事に取り組む方法を紹介してきた。

こうしたメタ認知的なアプローチに加えて、この章では、**「この場に来れば自然にプレイフルになれる」というプレイフル装置としての場の力を借りることで、プレイフルな思考を刺激し、仕事を楽しくするアプローチ**を紹介していきたい。

なぜ場の力が必要なのかといえば、物事に対する意味づけを変えようとするアプローチは、人の意思に頼る部分が多く、長年その人に馴染んできたマインドセットを自分の意思だけで変えるのは、容易ではないからだ。たとえば、困難な状況になると、「自分にはもう無理」とすぐにあきらめてしまう人がいたとしよう。この本を読んで**「Not Yet」**の考え方を学んだからといって、すぐに「まだできてないだけ、まだまだやれる！」と前向きな気持ちになれるとは限らないだろう。

だからこそ、人の意思に委ねるだけでは十分ではない、と僕は考える。人の意思に影響を与えている環境や道具も活用すれば、より効果が期待できるはずだ。場の力を借りながら、自然な形でマインドセットや行動を望ましい方向に導き、定着させていくことが重要ではないだろうか。

環境や場の雰囲気、道具などの人工物には、じつは人の行動を触発するパワフルな力が備わっている。部屋の真ん中にテーブルがあれば人はその周りに集まるし、椅子があれば座る。カラフルな色の服を着れば気分は明るくなるし、ケーキとお茶を出されただけでその場の空気が和んだりする。心理学では、これまで**物理的要素が人に及ぼす影響力**についてあまり注目しなかったけれども、これからは魅力的な環境づくりを通して人の行動をプレイフルに変えていくことを考えていくべきだと思う。

僕は長年、子どもが生き生きと学べる学習環境デザインについて研究してきたが、その原点となっているのが、ボストンの**「チルドレンズ・ミュージアム」**での経験だ。ミュージアムといえば、お宝物がガラスケースに入れられて展示されているのを、少し離れたところから見るというイメージだったが、そのミュージアムは違った。展示物に触ってもいいし、それで遊んでもいい。「手を触れないでください（Don't touch !）」どころか**「どんどん触れて！(Please touch !, Hands on !)」**であり、実際に触って体験することを奨励していた。

僕がもっとも印象に残っているのは、ハンズオンによって展示と子どもたちの間にインタラクションが生まれ、子どもたちが遊びや実験を通して驚き、発見し、学んでいる姿だった。**この環境が子どもたちを生き生きと学ばせている**ということに気づいたのである。

このミュージアムでの経験に触発され、僕は日本でもそういった場所を作りたいと考えるようになった。そこで、**1990年、奈良県吉野の吉野川のほとりに実験的な学びの空間「ネオミュージアム」を作った。**他者とインタラクティブにかかわることによって人は学ぶことができるという大前提に立ち返って、人が夢中になれる活動を通して学べるような場所を目指したのである。展示物があるわけではない。**まず「活動」があって、それを楽しむ「人」がいて、そこから生まれる「コミュニケーション」を通して学ぶことができる場所**である。

僕は、ネオミュージアムでワークショップやイベントを行うほかにも、最近は企業の依頼を受けてワークショップを行う機会も増えている。これらの活動実績をもとに、人をプレイフルにする環境デザインについて考えてみたい。

プレイフルな働く場をデザインする

働く環境をプレイフルにするための場の要素には、次の4つがある。「空間（K）」「道具（D）」「活動（K）」「人（H）」である。これらのローマ字の頭文字をとって、僕は「KDKHモデル」と呼んでいる。これらの要素がダイナミックに相互作用して、「プレイフルな働く場」が生まれるのである。

4つの要素のそれぞれについて、僕がワークショップやイベントで実践しているもののな

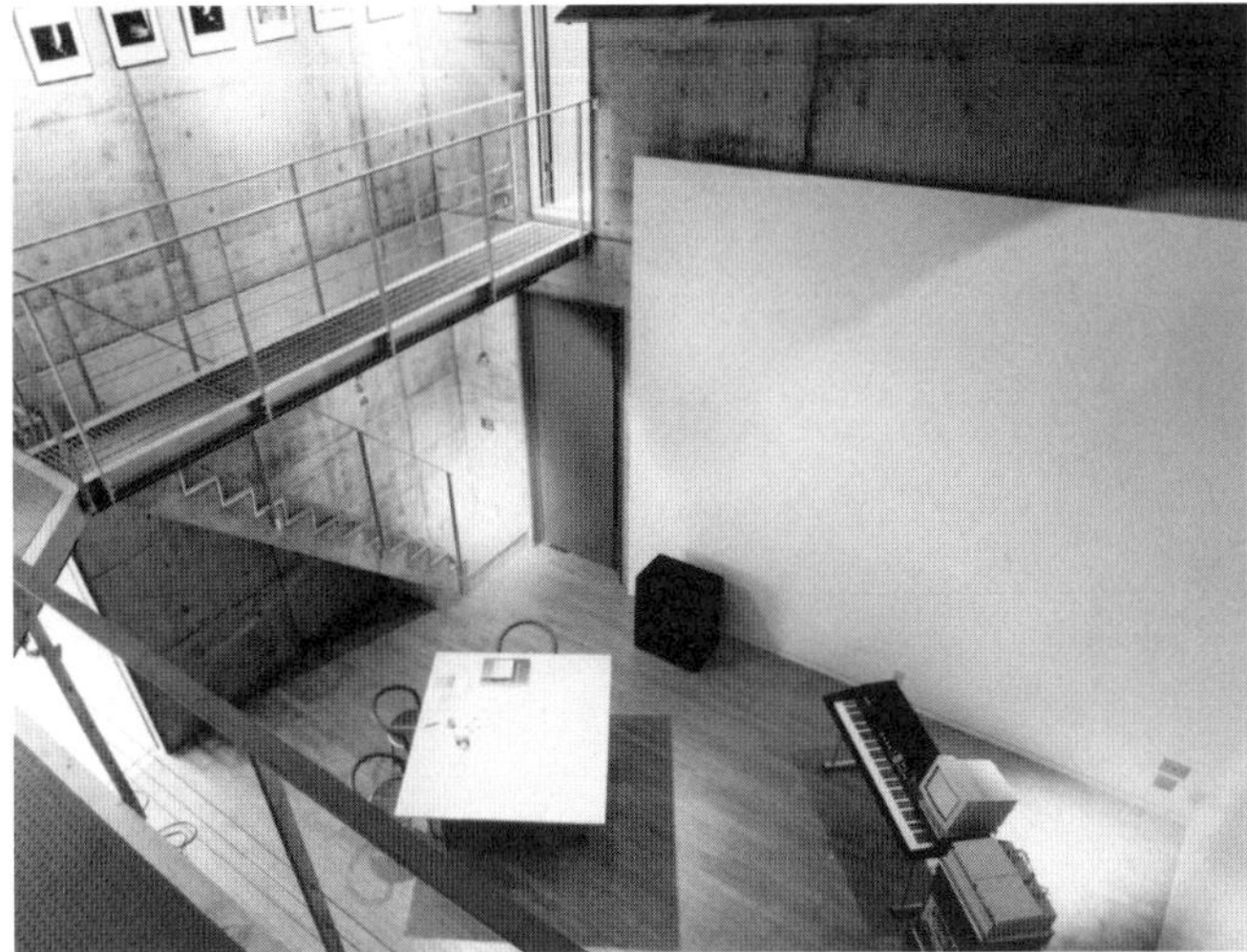

ネオミュージアム

かから、職場で応用できそうな方法をいくつか紹介しよう。

〈空間編（K）〉

空間とは、そのなかで行われる活動の空気感を決める大きな要素である。空間に役割や意味を与えることで、活動をよりプレイフルに、魅力的にすることができる。

①空間と活動をリンクさせる

ネオミュージアムの空間を、その時々に意図した活動を誘発出来るようにしつらえることで、よりパワフルな学びの装置として機能させている。具体的には、実践と省察を繰り返し、意味づけしながら学びを深めていく活動モデルである、**「つくって、かたって、ふりかえる」**（詳しくは191ページで解説）と空間をリンクさせている。

1階は活動が中心の**「経験のフロア」**、2階はその経験を語り合い、振り返るための**「省察のフロア」**。つまり、何かに夢中になって活動に没頭できる場所を1階に、その活動を多角的な視点から眺めたり、振り返って省察したりする場所を2階に配置し、**「意味づけのフロア」**を3階のキッチンに作っている。認知の働きが身体の動きにリンクするように設計した。1階から2階へ、さらに3階に空間を移動することで、自然にメタ認知が機能するようになっているのである。

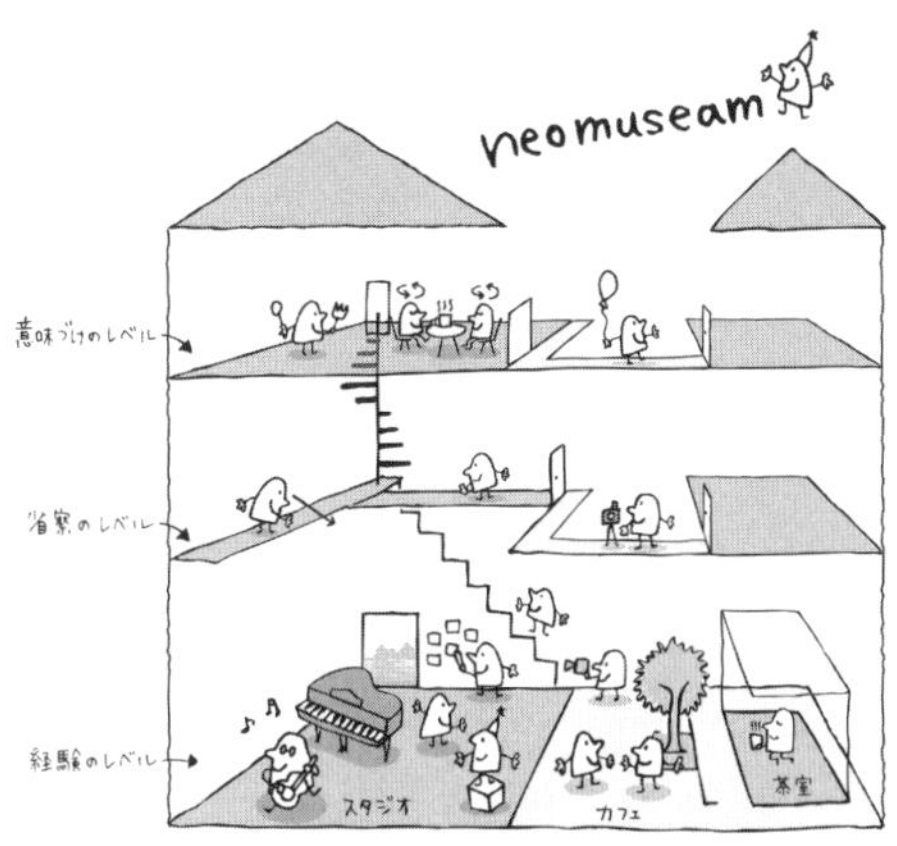

ネオミュージアムの
三層構造
（イラスト：岩田花菜）

メタフロアから俯瞰する

リバーサイドテラス

空間と活動をリンクさせるために、空間に名前をつけるのもひとつの方法だろう。たとえば、「ものづくりのアトリエ」「交流のカフェ」「意味を料理するキッチン」といった名前をつけることで、その空間ではその活動に集中することになり、活動を活性化することができる。

〈道具編（D）〉

使い方次第であなたの働く環境をいくらでも楽しくしてくれるのが、道具である。たとえば紙コップ。飲み物を入れて飲むのが普通の使い方だけれど、水を入れて草花をさせば花瓶になるし、名前を書いて机に置けば名札やサインになる。ちょっとした使い方の工夫で、あなたの机回りを楽しく演出するツールになる。

さらに、紙コップのもつ特性を生かしながら、まったく別のメディアとして機能させることもできる。たとえば、休憩時間に「おつかれさま」というメッセージが書かれた紙コップでお茶を出してみる。もらったほうは心がほっと和んで、「よし、がんばろう」という気持ちになるだろう。あなたのメッセージを「可視化」するメディアとして、その紙コップを「コミュニケーション」のツールとして考えれば、いろんな使い方ができる。紙コップというありふれたモノを考えてみただけでも、これだけバラエティに富んだ使い方やコミュニケーションが可能になるのである。

道具の使い方を自由に発想するには、「この道具を使ってどんなメッセージが伝えられるだろう」と**道具ありき**で考えてみてはどうだろう。普通なら「このメッセージを伝えるのにもっとも効果的な道具は何だろう」とメッセージありきで考えるのだろうけれど、それでは発想が広がりにくい。

職場で使える道具はパソコンだけではない。**身の回りにあるあらゆる道具は、工夫次第では魅力的なメディアに変身する。まずは道具ありきで、メッセージを伝えたり、共感的な理解を得たり、その場の空気をインタラクティブでプレイフルにするためにはどのような使い方ができるかを自由に発想してみよう。**

②キューブで意見交換

キューブは、６面を使って意見やアイデアを可視化したり、誰かと共有したり、振り返ったりすることができるコミュニケーションツールだ。

たとえば、自分たちの会社の**「ポジティブ・コア（核となる潜在能力）」**についてグループでディスカッションするとしよう。「さあ、何か意見を言ってください」といってもなかなか出てこないので、まずは、それぞれの経験を基に会社の潜在能力（強み）をキューブに書いてもらうのだ。キューブは6面あるから、ひとりにつき6つのキーワードを書いてもらうことになる。それをお互いに見せ合い、それぞれのキーワードを交渉させながら、「自分たちの会社のポジティブ・コアはこれだと思う」と意見を交換することができる。6つの面をくるくると回していけば、そこに書かれたキーワードも自然につながり、統合されていくのが、キューブの不思議な魅力でもある。

ディスカッションのほかにも、自己紹介の場面で自分を表現するキーワードを6つ書いたり、講演会やセミナーで気づきや感想をキューブに書いたりする使い方もできる。

建築家の小堀さんは、自身の講演会を聴きに来てくれた人たちにキューブを配って、そこに気づきや感想を書いてもらっているという。講演の最後に、隣の人と見せ合って意見交換してもらうと、会場がすごく盛り上がるそうだ。

「ノートにメモしても見返すことはまれだけど、キューブに書けば、隣の人とも見せ合える。家でもつねにキューブが置いてあれば、講演で僕が話したことをいつでも思い出してもらえるでしょう？　キューブはとても評判がいいんですよ」と小堀さんは話してくれた。

キューブの素晴らしいところは、書くことで自分の考えを外化し、それを見せ合うことで共有し、さらに書かれた内容について考えることで省察できること。つまり、**外化→共有→省察（つくって→かたって→ふりかえる）**という3つの機能を兼ね備えているのである。

また、普段は意見の対立が苦手な人にとっても、自然な形でプレイフル・クラッシュができるという利点もある。

たとえば、会議では誰かが先に「Aだと思う」と発言したら、自分は「Bじゃないかな」

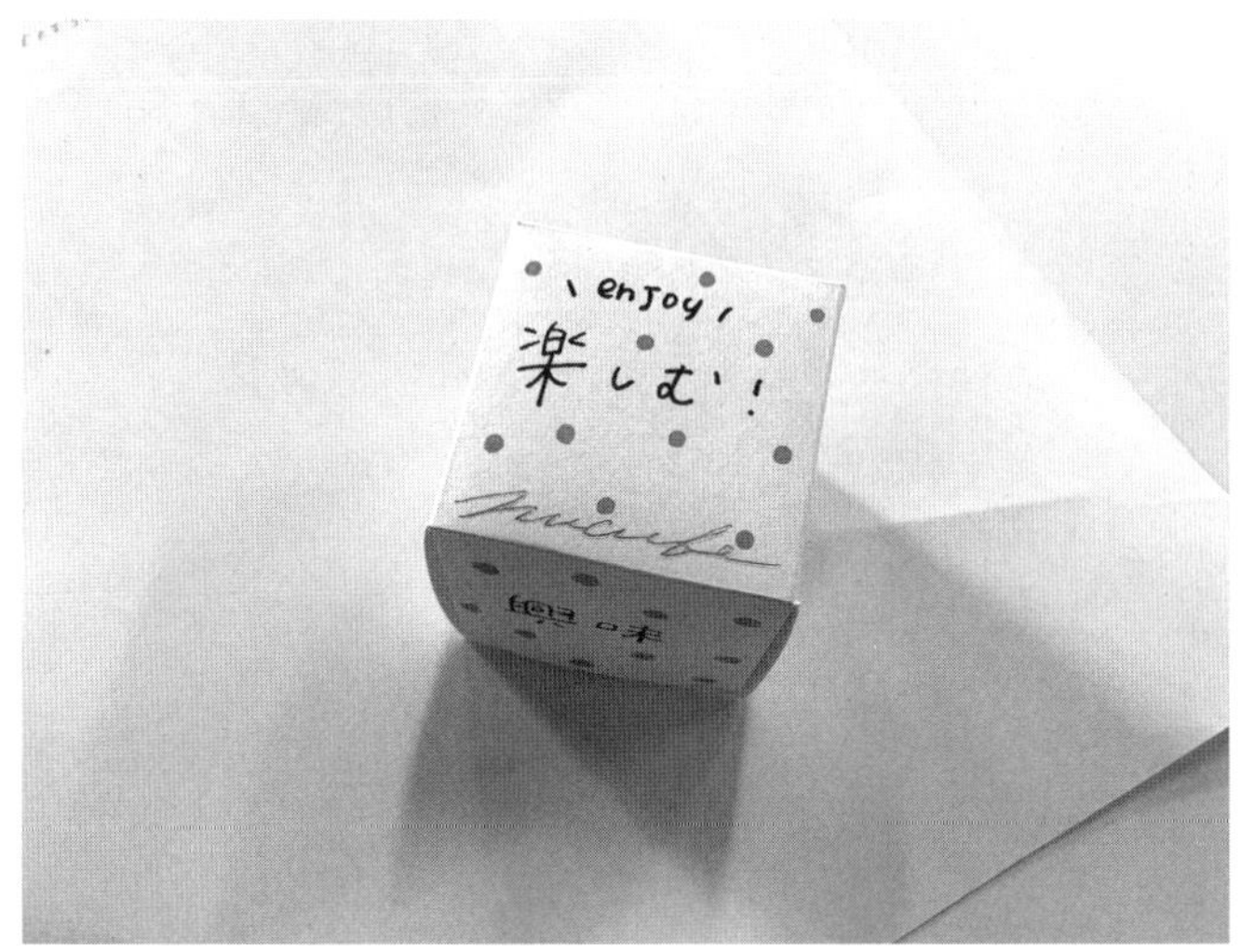

コミュニケーションを6倍楽しくするキューブ

と思っても、「私もAだと思います」と同意してしまうこともあるかもしれない。ところが、キューブを使うと、同じタイミングで自分の考えを書くため、後だしジャンケンができないのだ。お互いにキューブを見せ合いながら、なぜ自分はこう考えるのかを一生懸命に説明したり、相手の考えに熱心に耳を傾けたりすることによって、プレイフルにクラッシュできる仕掛けになっている。

キューブを手にもって、キューブを見ながら意見交換するので、意識の矢印はおのずとキューブに向く。キューブを**ジョイント・アテンション（共同注視）**するのだ。そのため、意見の対立はしても、お互いを攻撃し合うことにはなりにくい。これもキューブのいいところだ。そういう意味で、キューブは僕が発明したなかでももっともパワフルな道具である。

③パスタでプレゼンテーション

カラフルな色とユニークな形が魅力の乾燥パスタ。見ているだけでも楽しい乾燥パスタを使って何か伝えたい。どんなメッセージが伝えられるだろうか。そうやって考え出されたのが、**「パスタプレゼン」**だ。

プレゼンテーションのキーワードとなる言葉を紙に書いて、乾燥パスタと一緒にパスタケースに混ぜておく。プレゼンの冒頭でパスタごと会議テーブルの上にばらまき、「今日のプレゼンのキーワードはコレです！」といってプレゼンをはじめるのだ。

目の前に突然パスタをばらまかれた相手は、意表をつかれて驚くだろう。けれども、カラ

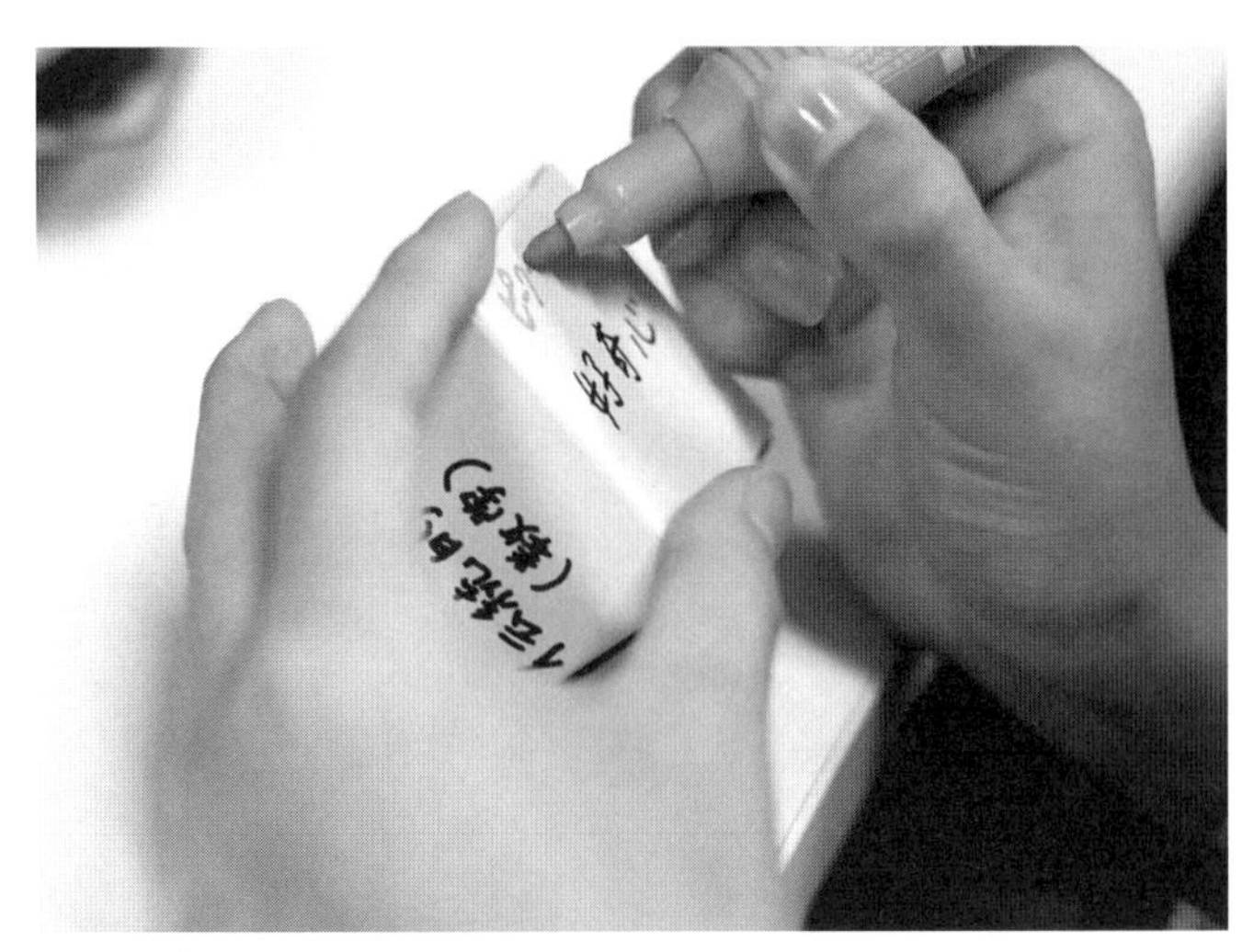

キューブはアイデアを喚起する（Evocative Object）

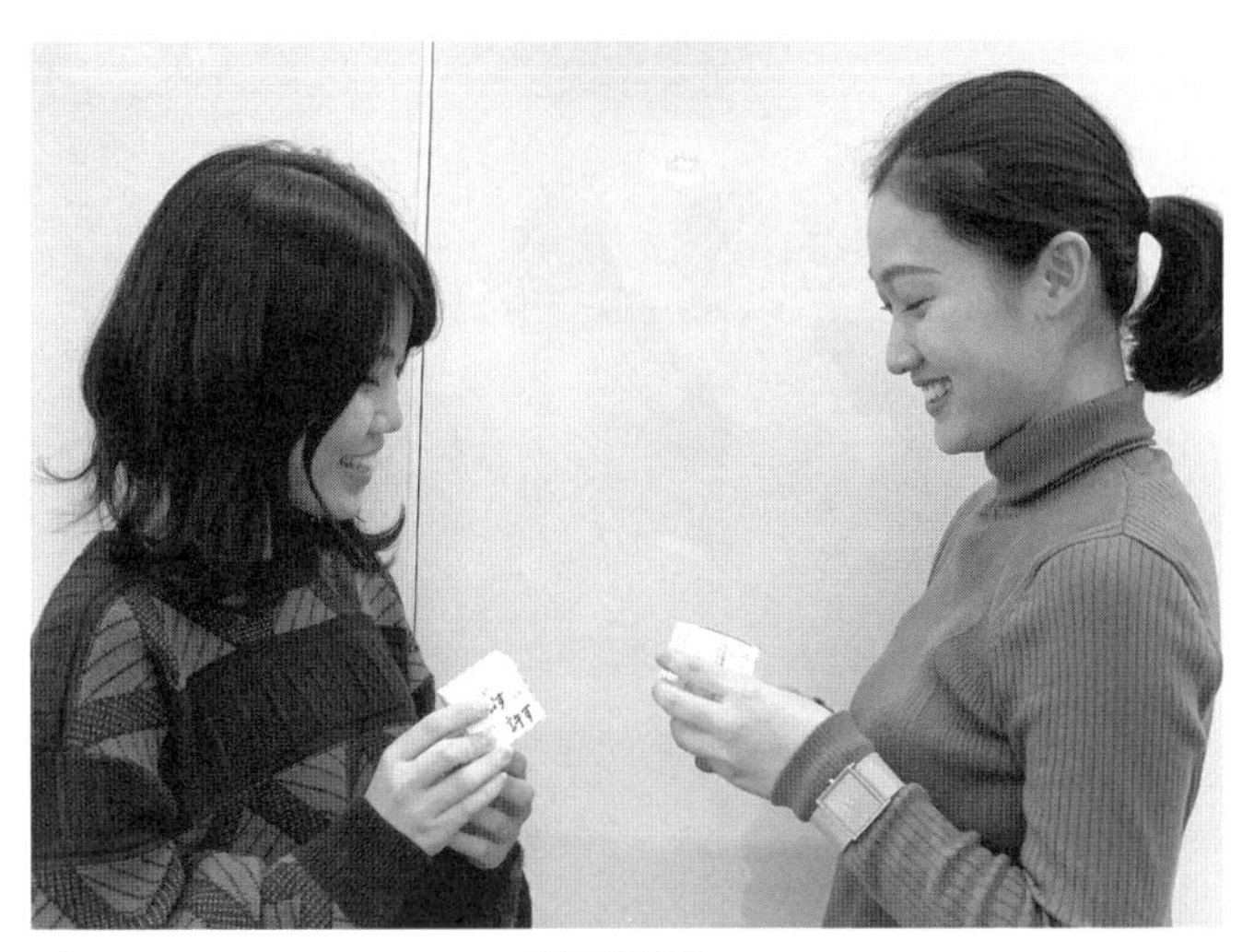

ジョイント・アテンション（共同注視）

フルでユニークな形のパスタを前にして嫌な気はしないだろうし、これから何が起こるのだろうとかえって興味を引かれるはず。**パスタというメディアが、「何か楽しいことが起こりそう」という空気感を作ってくれるのだ。**

パスタに埋もれた紙を一枚ずつ取り出して、そこに書かれたキーワードについて説明しながらプレゼンを進めていく。すでに完成された内容をパソコンのスライドに沿って説明していくよりも、**宝探しの感覚でキーワードを拾って、それについてみんなで議論していく**イメージだ。キーワードがすべて目の前にあるので、「これを忘れずに伝えなくては」と気にかける必要もないし、言い忘れる心配もない。また、**パスタに埋もれたキーワードを見つけた相手が「これはどういう意味ですか？」と質問してくることもあり、インタラクティブなコミュニケーションにもつながりやすいのだ。**

僕は以前、ある企業へのプレゼンでこの方法を使ったことがある。ついでに言うと、プレゼンの場所にもこだわって、イタリアンレストランを指名した。会議室でのプレゼンはどうしても緊張してしまい、僕自身、プレイフルなスイッチが入りにくい。プレゼンの前においしいイタリア料理を食べれば空気も和むし、そのあとでパスタを広げれば「おぉ！」となる。プレイフルな味付けで、プレゼンは大成功だった。

communities of learners
architects
ZPC
and Rock
sensibilities

プレゼンはパスタで

④風船で自己紹介

風船は僕が大好きなメディアのひとつ。ふわふわと漂う風船には楽しさがいっぱいだし、空高く舞い上がる風船には夢や希望があふれている。

大学の入学式でのオリエンテーションには、必ず風船を用意していた。みんなの自己紹介に使うのだ。単に「自己紹介をお願いします」といっても、「私は○○県出身です」といったありきたりの自己紹介になってしまって、おもしろくない。そこで、風船を渡して、いまの気持ちを風船に書いてもらう。

風船に何を書こうか考えるときは、大抵楽しいことを考えるもの。自分が好きなことや、大学でやってみたいことなど、風船には夢や希望にあふれたコメントがたくさん書かれることになる。そんな**夢や希望をたくさん乗せた風船が、会場いっぱいにふわふわ漂えば、みんな一瞬で仲良くなれるのだ。**

風船には、僕たちの気持ちを明るくさせ、みんなの気持ちをつなぎ、夢や希望を感じさせてくれるという素晴らしい力がある。風船の魅力や特性をうまく生かしたコミュニケーションを工夫すれば、活動自体をよりプレイフルにデザインできるのではないだろうか。

⑤ランチョンマットでおもてなし

ランチョンマットは、それ自体がおもてなしの気持ちを含んだメディアである。そこに何

風船は希望のメディア

ランチョンマットでおもてなし

か気の利いたひとことを添えておくだけで、お互いの関係を良くし、コミュニケーションを活性化するツールになるだろう。

たとえば来客を迎えるときに、コーヒーやお菓子と一緒に、自分と相手との関係性を表すキーワードをランチョンマットにさりげなく書いておく。たとえば、「今日の議題である『プレイフル』にちなんで、こんなお菓子を用意してみました」という具合である。相手はあなたのおもてなしに感謝すると同時に、これから行われる打ち合わせへ向けて期待感を高めていくだろう。ランチョンマットに書かれたメッセージをきっかけに、議論もはずむに違いない。

⑥市販の板チョコが特別なプレゼントに変身

ちょっとしたプレゼントを用意することで、おもてなしの気持ちを伝えることもできる。プレゼントといっても、相手の好みに合わないものや、高価すぎるものは相手の負担になる。かといって、どこでも手に入るものでは、記憶に残りにくい。

ならば、どこでも手に入るものに少しだけ手を加えて、メディアとしての価値を高めてみてはどうだろうか。

僕のお気に入りは、市販の板チョコに自作のカバーをつけてプレゼントするというもの。カバーに「いつもありがとう」などとメッセージを書いて渡せば、世界にひとつだけの特別なプレゼントになる。板チョコ自体は100円程度のものでも、一手間かけることで、圧倒的な価値が生まれるのだ。相手に鮮烈な印象を残すとともに、プレイフルな関係構築に一役買ってくれるだろう。

⑦ドレスコードで参加意識を高める

僕はワークショップを主宰するときに、参加者に対してドレスコードを設けることがある。たとえば、「明日はプレイフルな服装で来てください」と条件をつける。そうすると、参加者は「プレイフルってどんな服だろう?」と考えざるをえない。それが僕の狙いだ。

ワークショップのテーマに関連したドレスコードを設ければ、参加者に事前にそれについて考えてもらうことになるので、ワークショップの導入としても効果的だ。また、当日の会場でも、「なぜその服を選んだの?」「あなたのプレイフルのイメージはこれなのね」とコミュニケーションが生まれるきっかけにもなる。

ほかにも、モノを持参してもらうという方法もある。たとえば、カフェについて話し合う研究会には、「カフェでの会話を楽しくする小物をひとつもってきてください」と条件をつけてみる。持参したモノについてはみんな話したくてしょうがないので、それが引き金になって議論が盛り上がることは間違いなしだ。

プレイフル・チョコレート
（デザイン：岩田花奈）

〈活動編（K）〉

活動は、プレイフルな働く環境をデザインするうえで要となる要素である。近年、**「主体的・対話的で深い学び」**を実現するために、参加体験表現型のワークショップが学校の授業だけでなく、企業やミュージアムなどさまざまな場で行われるようになってきた。参加者が協力し合いながら夢中になって取り組める活動を通して、自らの体験を省察し、意味づけることが狙いである。

まず紹介するのは、活動をメタ認知することで、活動自体を活性化させる方法だ。

ひとつは、**活動をモデル化する**ことである。たとえば、ミーティングや会議などであるテーマについて議論するとき、結論を導き出すまでの活動の流れをモデル化し、メンバー同士で共有しておくのである。最初の10分で現状の課題の確認、次の30分で解決策の検討、最後の20分で結論を出す、などと決めておくのもいいかもしれない。

自分たちの活動スタイルを構造的に把握できれば、「いまのこの活動は何のために行っているのか」といった活動の目的や狙いが明確になるため、メンバーが主体的にかかわろうとする意識も強くなり、活動自体にメリハリがつく。

ここでは、僕が考案した2つの活動モデルを紹介しよう。

⑧ＴＫＦモデル（つくって、かたって、ふりかえる）

これは、学びの活動のモデルである。

まず、「つくる（Ｔ）」とは、夢中になれる活動を通して、表現したり作ったりする活動のこと。次に、「かたる（Ｋ）」は、作ったものを他者と共有し、意見を交換する活動のこと。最後に、「ふりかえる（Ｆ）」は、全体を振り返ることで体験を意味づけする活動。この３段階のプロセスを実践しようとするのが、**ＴＫＦモデル**である。

これは、先に紹介したキューブとの親和性が高い。ぜひキューブを使いながらＴＫＦモデルを実践してほしい。

まず、「つくる」のフェーズでは、自分と対話しながらキューブの６面を構成する。次の「かたる」のフェーズでは、キューブに書いたことを他者に語ることで、自分のメッセージに磨きをかけていく。最後の「ふりかえる」のフェーズでは、語り合いを通して得た気づきをふまえてキューブを編集しなおすのだ。

ＴＫＦモデルは、何かを作ったり開発したりするプロセスにおいて、有効なモデルではないかと思う。たとえば新製品の開発会議などでこのモデルを活用するなら、まず各メンバーが新製品のイメージを表現し、それを共有して、みんなで議論したあとに、より理想的な形に近づけるためにはどうすればいいかを考えてみる。こうしたＴＫＦモデルを繰り返していくことで、完成度を高めていくことができるだろう。

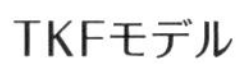
TKFモデル

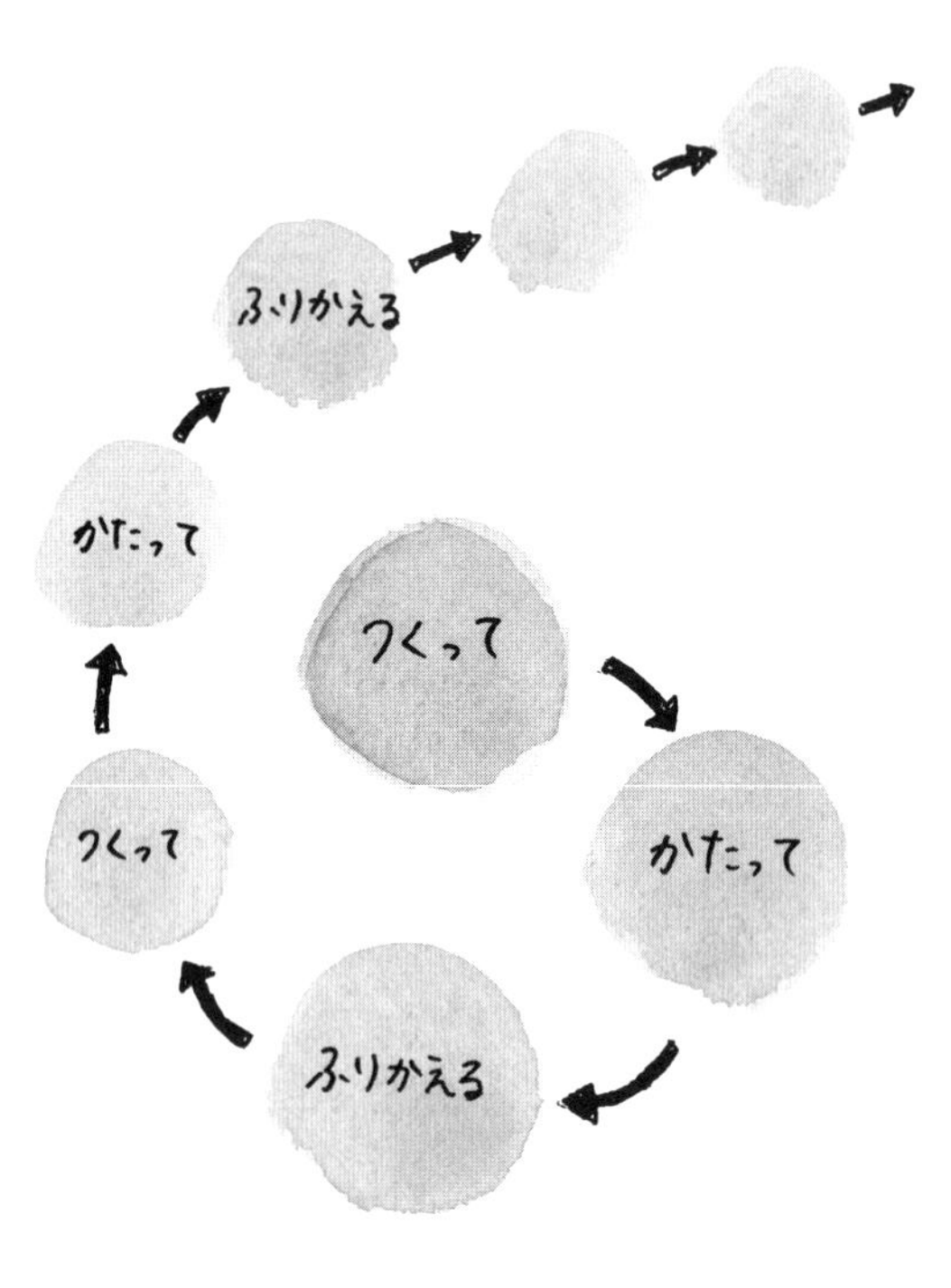
つくって
かたって
ふりかえる
つくって
かたって
ふりかえる

⑨イタリアンミールモデル

ご存知のとおり、**イタリア料理のメニューは「アンティパスト」からはじまり、「プリモ」「セコンド」「ドルチェ」「エスプレッソ」と続く。僕はこれを、ワークショップを組み立てるときの活動のメニューとして使っている。**

「アンティパスト」は前菜。「これからどんな料理が出てくるのだろう」と期待感を抱かせるための料理である。これをワークショップの活動に翻訳すると、まずは参加者の注意を引いて「おもしろそう！」と思わせながら、その日の活動が自分の興味関心と関連がありそうだという予感を与えるような活動がアンティパストということになる。

「プリモ」は第一の皿で、スパゲッティやリゾットなどがっつりした料理が出てくる。ワークショップでいうなら、参加者が夢中になれる創作や表現活動になる。たとえば、「プレイフルという言葉からイメージする単語を6つ書いてもらう」といったように、自分の考えをアウトプットしてもらう活動がプリモである。

「セコンド」は第二の皿で、肉や魚料理である。ワークショップでは、プリモでアウトプットされたものをみんなで共有し､語り合うという活動を用意する。他者とのコミュニケーションを通じて、異なる意見や考えに触れる活動がセコンドである。

「ドルチェ」はデザート。ここでは、メインの活動であるプリモやセコンドを振り返り、自分なりに意味づけする活動を行う。その日の活動を省察することで、体験そのものを再構築

イタリアンミールモデル

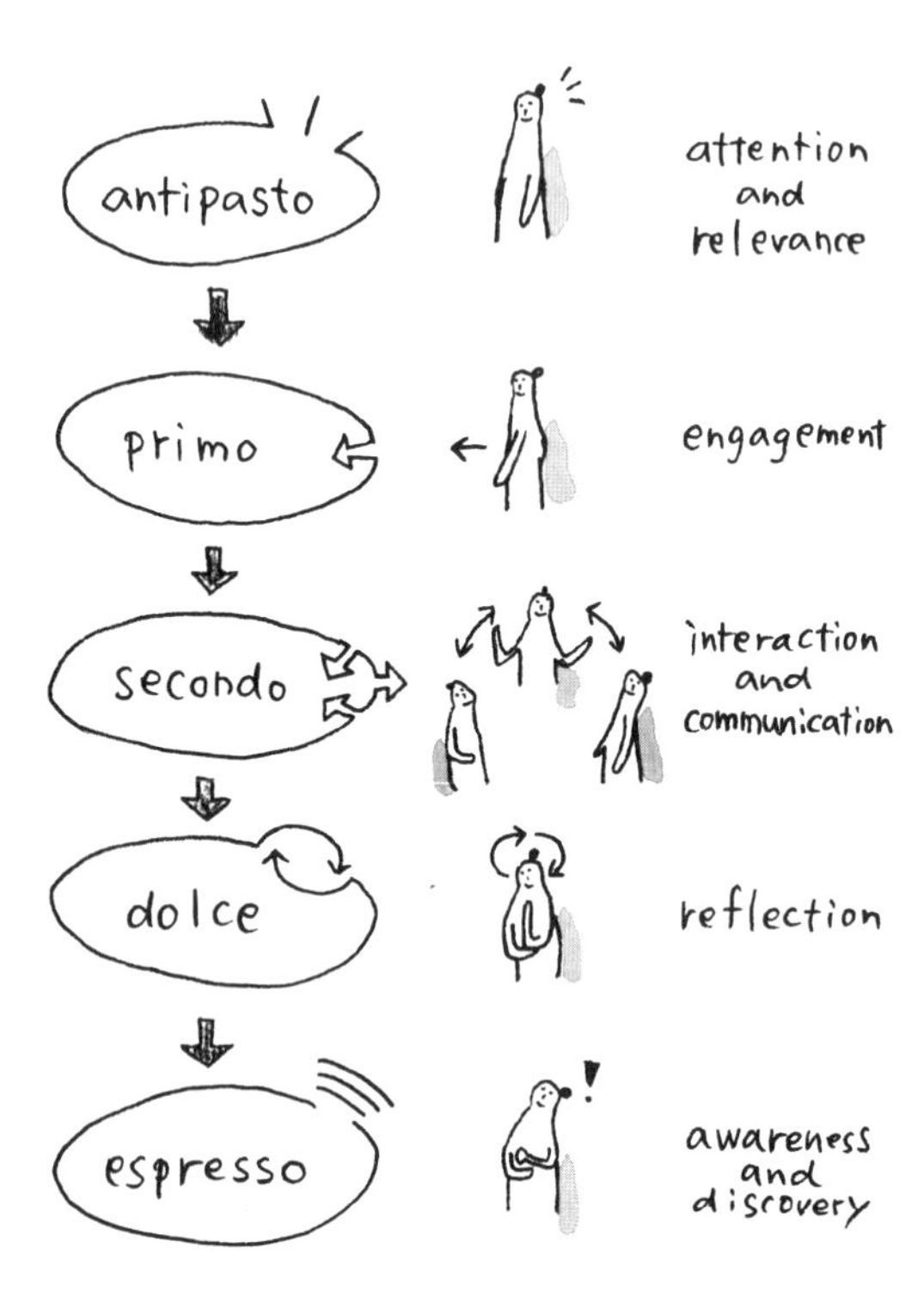

し、経験に昇華させていくことができるのである。

最後に**「エスプレッソ」**。プリモ、セコンドでの体験をドルチェで熟成させたあと、強烈な気づきがやってくるのがこの段階。それまでの活動を振り返ることで、活動のキーワードが浮かび上がってくるかもしれない。そういう気づきが、学びにつながっていくのである。

ここでは、イタリア料理をメタファーにした活動のモデルを紹介したが、日本料理でもタイ料理でも中華料理でも、あなたなりの借用でモデルを生み出してみてはどうだろう。料理をメタファーにした活動モデルを活用すれば、会議もプレゼンテーションも、イベントもワークショップも、きっと楽しくなるだろう。

活動をモデル化するほかに、活動を記録して客観的に眺めてみることで、活動を活性化させる方法もある。**ドキュメンテーション**である。

⑩ドキュメンテーション（記録）

僕のワークショップでは活動をビデオや写真に撮ったり、**スクライビング**（第４章参照）している。これは、あとで振り返って省察するための記録として使えることはもちろん、**ドキュメンテーションによって活動の場そのものを活性化することができる**、という意味で効果的だと考えている。

自分の行動が誰かに見られている、記録されている、という意識があると、いい意味でテンションが高くなり、場の空気が自然に盛り上がってくる。記録されているという意識がその場をプレイフルにするというわけだ。

活動をビデオで記録し、その場で編集したものを、最後のエスプレッソやドルチェの時間にみんなで見て、その日の活動を振り返ったり、新たな気づきにつなげることもできるだろう。これを僕は**RTV（Real-Time Video）**や**リフレクションムービー（Reflection Movie）**と呼んでいる。また仮に、いくつものグループにわかれて活動するような場合には、それぞれのグループ活動のライブ映像をリアルタイムで見られるようにすれば、「隣はこんなことをやっているんだ」とお互いの刺激になる。これも場をプレイフルにする方法のひとつだ。

ほかにも、夢中に取り組んでいるうちに物事に対する見方が変わる体験ができる活動を紹介しよう。意思の力では認識や行動を変えるのは難しいからこそ、こういった活動を取り入れてみてほしい。

⑪１００の線引き

いろんな種類の線を引いて、それぞれに名前をつける。目指すは１００本の線だ。

ドキュメンテーション・ムービー（RTV）の編集

点線にギザギザ線、波線、直線……、あなたはどれだけ多くの種類の線を思いつくだろうか。ワークショップでこの活動に取り組むと、20本くらいで何も思い浮かばなくなることが多い。「まだ80本も残っているよ！」と僕が声をかけると、参加者はなんとか絞り出そうとがんばる。それで、「街並線！」や「山手線！」といった言葉が飛び出したらしめたもの。線は点線や直線だけでなく、「山手線」も線である。一旦その発想にたどり着けば、「それも線なの？」と思うような線がどんどん出てくるようになる。

この活動の狙いは、いかに自分たちで勝手に限界をつくっているかに気づいてもらうことだ。「もうこれ以上は無理」と思っても、やりようによっては、その先に「まだまだいける」ことが多いものだ。一度のつまずきであきらめてしまうのではなく、**「Not Yet」（まだできていないだけ）**と考えて、前進し続けられるかどうか。この100の線引きを通して、「Not Yet」の世界観を体感し、「Not Yet」の考え方に親しむことができると僕は考えている。

⑫レゴの高積み

小さなレゴブロックを1個ずつ積み上げて、時間内にどれだけ高くできるかにチームで挑戦するのがこの活動だ。やってみるとわかるが、細く縦に積み上げる作業は意外に難しい。バランスを崩してすぐに倒れてしまうのだ。

でも、取り組むうちに、みんなが夢中になっていく。途中でレゴブロックがダイナミック

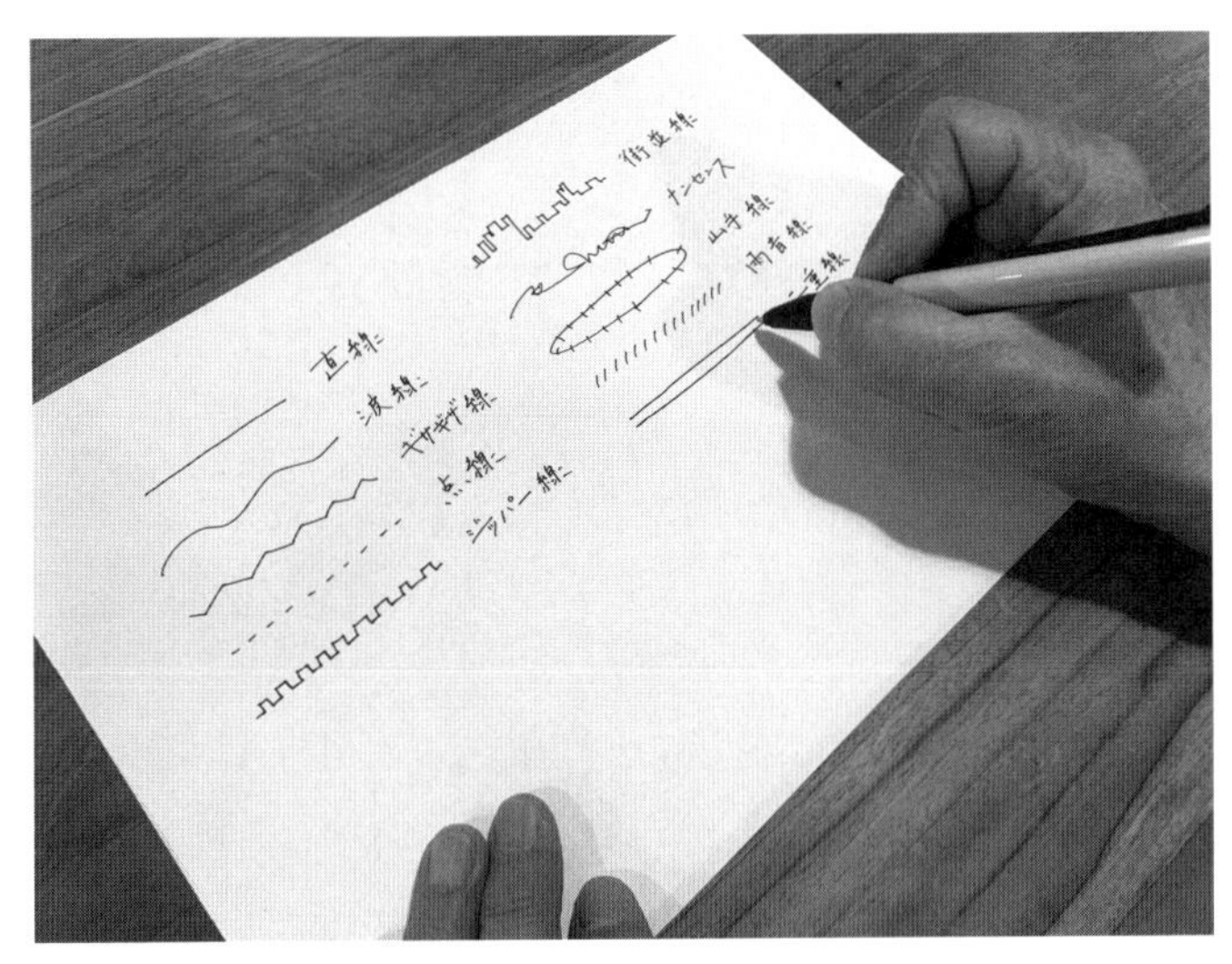

目指せ100本の線！

に崩れ落ちても、落ち込む人はいない。というより、落ち込んでいる暇などない。すぐに気持ちを切り替えて、次のチャレンジをはじめる。レゴの高積みでは、失敗してもすぐに**立ち上がる力（レジリエンス）**を誰もが自然に発揮することができるのだ。

いま、ビジネスパーソンに求められているのが、このレジリエンスである。レゴブロックが崩れ落ちても、また一から積み上げればいいのと同じように、仕事でうまくいかないことがあっても、また挑戦すればいい。失敗して落ち込んだり、将来への不安から立ち止まったりしてしまうより、「いまここ」に集中して前に進むことが大事なのだ。それが未来につながっていく。このことを、レゴの高積みを通して少しでも体感してもらえたらと思う。

レゴの高積み

⑬みんなで似顔絵

この似顔絵がユニークなのは、大勢の人の手で少しずつ顔のパーツが描き足されて、一人の人の似顔絵が完成していくことだ。早速、やり方を説明しよう。

1．参加者は、長テーブルをはさんで2列に向かい合って立つ。参加者一人ひとりに1枚ずつ、自分の似顔絵を描いてもらうための紙を用意しておく。

2．テーブル越しに目の前に立った人同士が、お互いの似顔絵を描く。お互いの顔を3秒間見つめた後、3秒で印象に残った顔のパーツを描く。描き終わったら、似顔絵を描いた紙を本人に返す。

3．テーブルの両側の列のうち、片方の列の人たちが右（もしくは左）に一つずつずれて、新しいペアをつくる。以降、2と3を20回ほど繰り返し、1人の顔をおよそ20人がかりで完成させる。

最初は、自分の顔が他人にどんなふうに見られているのか、どんなふうに描かれるのか不安に思うかもしれない。似顔絵の出来は本人のコントロールが及ばないからこそ、相手を信じて、相手に委ねるしかないのは、**ドキドキ**する体験だ。

一方で、そんな不安と同時に、何かおもしろいものができそうだ、と**ワクワク**する気持ちもわいてくる。未知のものに対して、**「不安だけど、楽しみ」**。この感覚を味わえるのが、み

４分の３
顔

４分の１
胴体

みんなで似顔絵を完成

んなで似顔絵を完成させることのおもしろさだ。

そして、ひとりでは絶対に描けないイラストが完成する。しかも、その人の特徴が見事に表現されているのである。本人にとっても、「へぇ、私ってこんなふうに見えているんだ」と発見もある。完成した似顔絵を見ながら、みんなでワイワイガヤガヤ言い合うのも楽しい。こうしたプロセスを通して、参加者同士の距離がぐっと縮まっていくのである。

仕事でもこうした感覚が生まれると、仕事はもっと楽しくなるだろう。**何が起きるかわからない不安を楽しめる**ようになれば、一歩を踏み出しやすくなる。また、仲間を信じて委ねる感覚に親しめれば、もっと仲間を頼って、ひとりではできない仕事にも挑戦したくなるに違いない。

〈人編（H）〉

プレイフルな空間を創出するためには、人の関係をデザインすることも重要である。人が集まっただけで自然にプレイフルな空間になることはまれで、そこには意見を引き出す人や、盛り上げ役となる人の存在が必要である。この人とこの人を組み合わせたらきっとおもしろいアイデアが生まれそうだ、といったような予測のもとにチーム編成を考えることも大切なことだろう。

ちなみに、さまざまな活動を組み合わせたワークショップでは、それを遂行するために多層的なスタッフのコミュニティが必要とされる。その一部を紹介しよう。

⑭多層的なコミュニティ

まずは「参加者」。これがなくてははじまらない。そして参加者をもてなす「ファシリテーター」。**ファシリテーターは主体的にその場に存在し、参加者を信頼し尊重しながら彼らの活動を助ける**、いわば「力の引き出し役」である。そのファシリテーターを全体的に俯瞰し、いまこのワークショップの場で何が起きているのかを把握し、その後の進行を瞬間的に判断して舵取りをする「ディレクター」。そして、これらの活動すべてを記録するのが「ドキュメンテーション・アーティスト」である。最後に、料理や飲み物で参加者をもてなすという重要な役割を果たすのが、「シェフ」と「カフェスタッフ」である。ワークショップは、このような多層的なコミュニティで成り立っているのである。

ここで、僕が大学のゼミ生を集めてつくった**「ガールズメディアバンド(girlsMediaBand)」**を紹介しよう。

ガールズメディアバンド(gB)は、ワークショップのディレクターやファシリテーター、ドキュメンテーション・アーティスト、カフェスタッフなど、参加者以外のメンバーで構成

ワークショップにおける多層的なコミュニティ

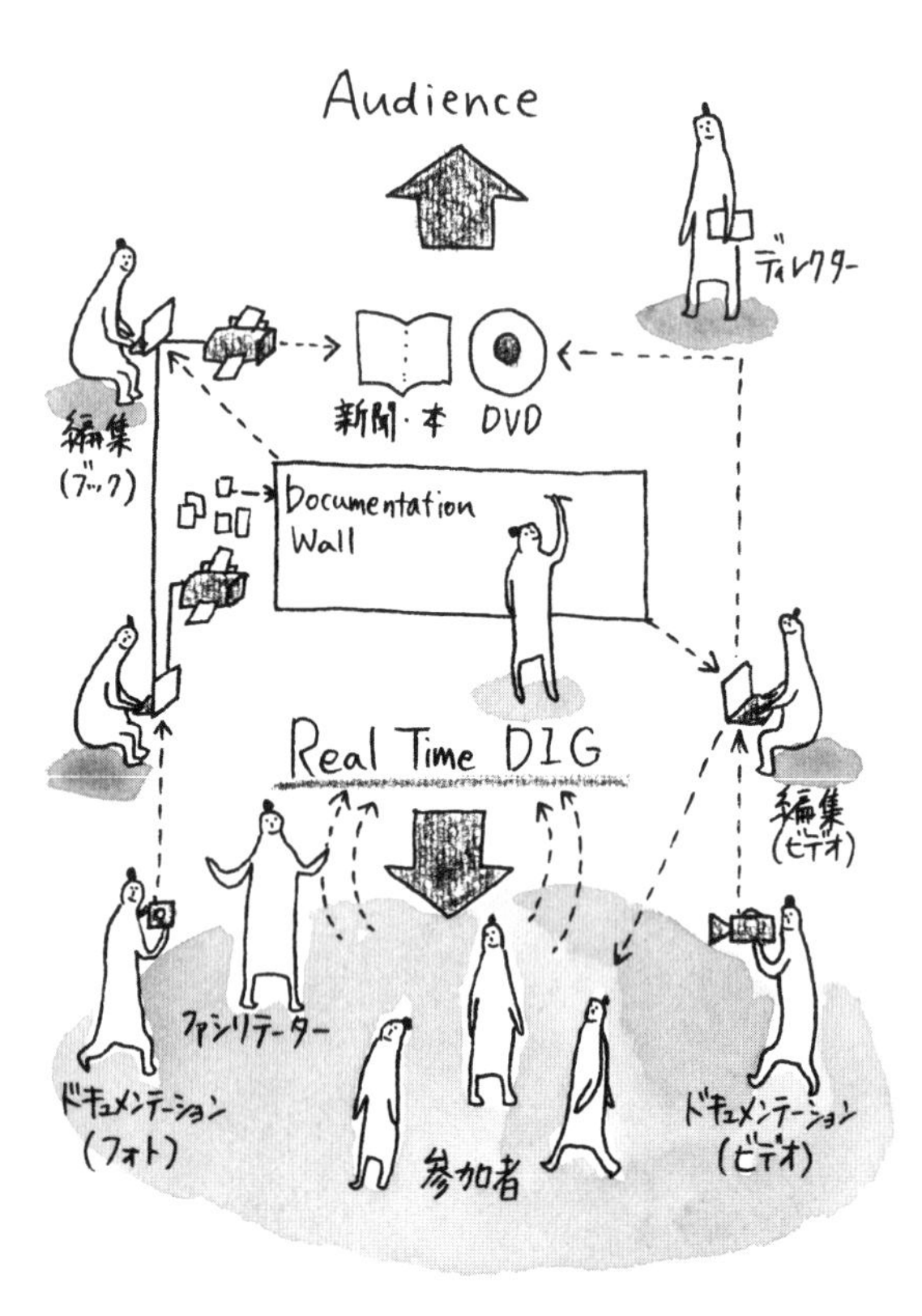

コンセプト＆図解：原田泰

されている。いわば、ワークショップを参加者と一緒に創り上げていくチームである。僕がMITメディアラボから戻ってきた２０１１年に結成した。

僕がなぜこのチームをつくったのか。それは、MITメディアラボのスタッフが真剣にものづくりに取り組む姿がプレイフルで、それに衝撃を受けたからだ。日本でもプレイフルに新しいものを創造していく活動ができないかと思い、学生たちに声をかけて実現した。

ガールズメディアバンドが目指すのは、**自分たちがメディアとなって、ワークショップの参加者たちを巻き込みながら、一緒に新しい何かを創造することだ。**自らをプレイフルに振る舞う「表現者」と定義し、ロックバンドをイメージして「メディアバンド」と名づけた。

彼女たちは、企業や大学内でワークショップを年間30回以上チャレンジするというスケジュールをプレイフルにこなしていた。場をプレイフルにすることにかけては、彼女たちのポテンシャルの高さに驚くばかりだ。彼女たちが前に出て、「さぁ、一緒に踊りましょう！」と声をかけると、企業の管理職から若手までみんな一緒になって踊り出す。プレイフルな空間の創出には、触媒となる彼女たちのような存在が大きな役割を果たすのである。

girlsMediaBand X

ここまで、空間（K）、道具（D）、活動（K）、人（H）の４つの観点からプレイフルな働く環境をデザインする方法を紹介してきた。

最後に、大事なことを伝えておきたい。KDKHをマニュアルどおりに整えれば、必ずプレイフルな場になるわけではない、ということだ。KDKHは、あくまで場をプレイフルにするための"レシピ"であって、それを使う人が自分なりに咀嚼して、活用してはじめて、効果を発揮するものだ。

つまり、場をプレイフルに変えるのにもっとも重要なのは、**「場のデザイナー」**である、あなた自身だ。働く場をプレイフルにしたり、仕事を楽しくしたりするのは、他の誰でもなく、あなた自身である。一人ひとりが場のデザイナーとなり、働く場をプレイフルにしていくという発想が大切なのだ。

日常にワークショップを取り込んでみよう

これまで紹介してきたのは、僕が数々のワークショップを実践するなかで、参加者にいかに自主的に活動にかかわってもらうか、そのために活動をいかに楽しくするか、を真剣に考えて編み出した道具や方法である。これらの道具や方法を普段の仕事に取り入れることで、仕事のやり方を活性化したり、仕事自体を楽しくすることができるだろう。

新しい企画を考えるとき、新しい商品を作るとき、机のパソコンに向かってひとりで考えるのではなく、上司や仲間と一緒にアイデアを出し合いながら、ひとつの企画に練り上げていってみてはどうだろう。それぞれの頭のなかで考えたものを、目の前の紙の上にいったんアウトプットして、共有してみる。誰かが出したアイデアに、別の誰かが別の要素をつけたしたり、誰かのアイデアと誰かのアイデアを組み合わせたりして、まったく新しいアイデアを生み出していくのだ。みんながそれぞれに手を動かして、話し合いや議論に主体的にかかわることがとても重要になる。**ワークショップ的要素を組み込むことで、仲間全員が主体的に活動にかかわり、新しい価値を生み出しやすい環境を創ることができるのである。**

コラム

ケーススタディ

企業のプロジェクトに、ワークショップを取り入れてみた！

福井市に本社を構える**日華化学グループ**は、界面活性剤技術を使った化学品や化粧品を製造・販売する会社である。**２０１７年11月**、自社のイノベーションを発信していくための新しい研究所**「ＮＩＣＣＡイノベーションセンター（ＮＩＣ）」**を完成させた。

この新しい研究所をつくるプロジェクトには、ただ単に建物を建てるだけでなく、社員の働き方も変えたいという会社の狙いがあった。このプロジェクトを主導した同社のシニアアドバイザー・吉田史朗さんによると、きっかけは、リーマンショックでの気づきにあったという。今の延長線上に成長はなく、独自技術を生かした新規事業をスピーディに立ち上げていかなければならない。そのためには自前主義を脱し、幅広いパートナーとの協同態勢を推進する必要がある。

「研究員にはもっと外に出てほしい」。経営陣にはそのような思いがあったという。

とはいえ、社員がその気にならなければ会社は変わらない。そこで、社員を巻き込む手法として吉田さんが着目したのが、ワークショップだった。これから自分たちはどんな働き方をしたいのか、その働き方にふさわしい研究所はどんな空間であるべきか――ワークショップを通じて社員主体の議論が生まれることを吉田さんは期待したのだ。

吉田さんから依頼を受け、ワークショップのファシリテーターとして僕が、社員の思いを具現化する建築家として小堀さんがプロジェクトに参加することになった。

会社が推薦する約30名がコアメンバーに選ばれ、プロジェクトが2014年にスタートし、足掛け4年に及んだ。この間に7回のワークショップが行われたが、その一部を紹介しよう。

初回のワークショップをスタートする前に、「ミュージックビデオを作る」という活動を行った。「参加メンバーのプロモーションビデオを作ろう」をテーマに、社員が歌ったり踊ったりする様子を、ガールズメディアバンドの学生たち（gB）が撮影し、その場で編集した。

なぜミュージックビデオなのか、と不思議に思った方もいるだろう。日華化学の社員も同様に、怪訝そうな顔で僕を見つめたものだ。

でも、考えてみてほしい。社員がしかめっ面のままでは、自由に議論できるプレイフルな場は生まれない。心の壁や殻を破るためのアイスブレイク的なショック療法として、ミュージックビデオを作ることにしたのだ。

作り始めたら、みんな真剣に思いっきり踊ってくれた。その映像をあとで見た社長が、「うちにはこんなおもしろい社員がいたのか」と驚いていたほどだ。

2回目のワークショップでは、「演技（acting out）」に挑戦した。いまこんな働き方をしていて、それをどう変えていきたいのかを、社員に演じてもらったのだ。演技指導のため、プロの指導者も呼んだ。発表に際しては、小堀さんの事務所のスタッフに舞台を設計・設置してもらった。

仕事には直接関係のない演技に、なぜそこまでこだわるのか。先ほどのミュージックビデオにも通じるけれど、僕は社員の皆さんに真剣に取り組んでもらいたかった。ただそれだけだ。

プレイフルの神髄は、「真剣に取り組むとおもしろい」ということにある。

もちろん、社員は演技の素人だから、芝居は上手ではないかもしれない。でも、そんなことは問題じゃない。本気で取り組めば、おもしろいことができる。おもしろいから、発見もある。それを体感してもらいたかったのだ。結果的に、社員はノリノリで演じてくれた。皆さん、とても芸達者だった。

そのほか、「100の線引き」や「レゴブロックの高積み」にも取り組んだ。

これらの活動と並行して、社員が理想とする働き方や、それを可能にするオフィス環境についての議論も、キューブを使いながら進めていった。

Acting Outの舞台

ワークショップの風景

議論から生まれた研究所のコンセプトは、ワクワクする出会いに満ちた「HAPPY WORK PLACE」。このコンセプトを具現化するためのアイデアを社員が話し合い、そのアイデアを小堀さんがプロトタイプ（模型）を作って外化する。それに対して社員がふたたび意見を言い合い、プロトタイプを進化させていった。

そのようなプロセスを経て、NICCAイノベーションセンターは完成した。社内外を問わずさまざまな人たちが集まり、活発なコミュニケーションからイノベーションが生まれやすいよう、オープンな空間が特徴だ。オフィスの半分はフリーアドレスで、チームや部門を超えた出会いを狙ったつくりになっている。「楽しく働く場」を意識した空間設計が評価され、2019年の日経ニューオフィス賞で「クリエイティブ・オフィス賞」を受賞した。

いまでは国内外から見学者がひっきりなしに訪れる。開所から2年間で、見学者は1万人を超えた。

見学者が口をそろえて言うそうだ。

「日華化学の社員が、うれしそうに自分たちの研究所について話すことに驚いた」

これは考えてみれば当然のことで、ワークショップを通じて社員が主体的にプロジェクトにかかわったことで、「この研究所をつくったのは自分たちだ」という思いが社員にはあるのだ。

HAPPY WORK PLACE

新しい研究所に移り、社員の働き方はどのように変わったのだろうか。

「新しい研究所をつくったからといって、すぐに業績が上がるわけではありません。成果が出るにはしばらく時間がかかります」と吉田さん。

とはいえ、社員の働き方には確実に変化が生まれているという。これまでは会社主導で動いていた社員たちが、自主的に新しい企画に挑戦するようになったのだ。

一例を挙げると、同業他社と協同で新規事業を模索する「妄想プロジェクト」が、社員の発案によってスタートした。また、国の研究機関への出向のチャンスに自ら手を挙げる社員が増えた。「これまでは行かなくていい理由を探す社員が多かったことを考えると、大きな進歩」と吉田さんは感慨深げだ。「働くなら、プレイフルに働きたい」。そんな意識が社員に広がっている証ではないだろうか。

プレイフル・シンキングは、つまるところ、世の中をポジティブに見るための考え方だ。プレイフルなレンズで世の中を眺めれば、事実は変わらなくても、世界の見え方をプレイフルに変えることができる。

プレイフル・シンキングで自分たちの振る舞いを変えることができることを、日華化学の社員の皆さんが身をもって僕たちに教えてくれた。

すべてのものをメディアに

終　章

プレイフルに働く場としてのオフィスの可能性

オフィスを変えて、働き方を変える

いま、社員の働き方を変えるために、オフィスをリノベーションしたり、新しいオフィスに移転したりする動きが加速している。オフィスを新しくすることで、社員のモチベーションを高めたい、自発的な社員の活動を促したい、イノベーションを起こしたい、といった狙いがあるようだ。

6章で詳しく見てきたように、空間や道具には、人の思考や行動をプレイフルにする力がある。広々とした開放的な空間では気持ちがさわやかになるし、緑が多い場所では心が癒される。その場に行くだけで楽しい気持ちになったり、そのオフィスに行くと働くことが楽しくなったりするのは、よくあることだ。場の雰囲気や道具などの人工物を変えることで、人の気持ちを前向きに変えることができる。僕はそのことを、建築家の小堀さんと一緒に**企業のオフィス改造プロジェクト**にかかわりながら、強く感じたのである。

ただし、オフィスを新しく変えただけでは、人の働き方は変わらないのも事実である。大事なことは、新しい空間に**「魂」**を入れること。つまり、そこで働く社員たちが、**「これは自分たちがプレイフルに働くためのオフィスである」**と思わなければならない。そうでなければ、新しいオフィスはただの箱のままだろう。

終章では、社員の働き方をプレイフルに変えるオフィスの可能性と、それを手に入れるために必要なプロセスについて、僕の考えを述べていきたい。

「自分たちの場所」にする

新しいオフィスをつくるときに気を付けたいのは、「こんな空間があれば社員のやる気が出る」という答えがあるわけではない、ということだ。

仮に、建築家が流行のスタイルを提案したとする。「こんなふうに設計すれば、プレイフルに働ける空間ができますよ」と。プロの建築家が言うことだから間違いないだろう、とあなたは思うかもしれない。建築家の提案どおりにオフィスが完成して、「さぁ、どうぞ」と迎え入れられても、あなたの働き方は変わらないだろう。

ありがちなのは、自由に席を選べるようにフリーアドレスを取り入れたものの、いつの間にか席が固定されてしまう。社内のコミュニケーションを活性化するためのフリースペースをふんだんに設けたけれど、誰も使わず閑散としている。残念ながら、そのような話をよく耳にする。

その理由は明らかだ。**他人が作った空間を与えられても、自分たちの場所にはならない**からだ。

オフィス改革をきっかけに働き方を変えるには、繰り返しになるけれど、新しいオフィスを**「自分たちの場所」**にしていく必要がある。つまり、「こんな空間で働きたい」と思う空間を自分たちで創っていかなければならない。

もちろん、自分たちだけでは創れないので、プロである建築家の力を借りて、建築家と一緒に考えていくことになる。建築家にお任せするのではなく、あくまで**自分たちが主体となって、建築家を巻き込んでいく。**こうした**「by people」**の姿勢が大切だ（by people については166ページで詳しく述べた）。

6章のコラムで紹介した日華化学のケースを思い出してほしい。日華化学の社員は、新しい研究所の設計を建築家に丸投げしなかった。社員が本気になって自分たちが希望する空間を考え、そのうえで建築家にサポートを依頼したのだ。このアプローチが成功につながったと言える。

プレイフルOSを入れよう

企業が主体となって新しいオフィスを考えるとき、トップが方針を決めて現場に下ろすトップダウンがいいのか、それとも現場が自分たちにふさわしいオフィスを考えてトップに上げるボトムアップがいいのか。

僕はトップダウンでもなく、ボトムアップでもなく、ここでも「by people」のアプローチが重要だと思う。どういうことか説明しよう。

会社として進むべき方向性を示すのは、トップの役割だ。従って、新しいオフィスのビジョンはトップが示す必要があるだろう。ビジョンは、社員がワクワクしながらそれに向かっていけるような、楽しさがあふれる未来志向のものがいい。

ただし、どんなにワクワクするビジョンでも、上から下りてきて、社員はそれに従わなければならないとしたら、やらされ感があってつまらない。トップが示すビジョンを、社員が**「自分事にする」**というプロセスが必要なのだ。会社のビジョンに沿って自分が実践するとしたら、どのようにして働く場をプレイフルにできるのか、楽しい未来をどのようにして創っていきたいのかを、社員一人ひとりが考えるのである。

そのためには、今の自分の働き方を振り返ってみるとよいだろう。自分はプレイフルに働けているだろうか。プレイフルに働けていないとしたら、何がそうさせているのだろうか。また、自分はなぜこの会社に入ったのか、この会社で何を成し遂げたいと思っているのか、と原点に戻ることで気づけることもある。忘れかけていた夢や目標を思い出したり、失せかけていたモチベーションを取り戻したりすることで、「働く空間をこんなふうにしたい」という自分なりのビジョンが鮮やかに浮かんでくるだろう。

空間を創り上げるプロセスに社員が主体的にかかわることで、新しいオフィスへの期待がどんどん高まっていく。空間はもはやただの空間ではなく、プレイフルに働くためのアイデアが詰まった、ワクワクする空間になっている。プレイフルに振る舞えるための**「プレイフルOS」**が搭載されてはじめて、オフィスは**「自分たちが働く場所」**になるのだ。

そうやって完成した建物や空間は、社員のやる気を大いに刺激してくれることは間違いない。

「社員のやる気が低い」と悩む企業の経営者は、空間の力を借りて社員のやる気を刺激することを真剣に考えてみてはどうだろうか。

「やる気を出せ」と社員に発破をかけるだけでは、社員の働き方を変えることはできない。それよりも、**社員がやる気を出して働ける空間を自分たちで創るプロセスに巻き込むことが大切だ。**どうすればこの場がプレイフルになるのか、どんな道具があればプレイフルなコミュニケーションができるか。社員が自分たちで考えたアイデアを新しい空間にどんどん反映していこう。

そのとき、自分がプレイフルになれるだけでなく、**いかに周りの仲間をプレイフルにできるか**という視点で考えてみてはどうだろう。誰かを楽しませるためにあれこれ考えるのは、楽しいものだ。自分では楽しむことが苦手だという人は、自分のことは棚に上げてしまえばいい。相手が喜んでくれて、「ありがとう」と感謝されれば、自分もうれしくなる。結果的

楽しむが勝ち

に自分も恩恵を受けることができるのだ。

それに、相手が喜んでくれたら、もっと相手を喜ばせたいと思うだろう。この**「喜びの循環モデル」**がとても大事なのだ。循環が生まれると、その場はどんどんプレイフルになっていく。周りを楽しませたいと思う人が社内に増えれば、その会社はプレイフル・カンパニーになっていくだろう。

その場にいるだけで、ワクワクと楽しい気持ちになる。そんな働く空間を、みんなで創っていこう！

ネオミュージアムで毎年開催されているParty Of the Future (POF)

おわりに

「楽しさの中に学びがあふれている」。

このフレーズが、この本の中に流れている通奏低音である。バロック音楽では、伴奏楽器が間断なく演奏し続けるということからこの名前がついていて、奏者は記譜された低音部に適切な和音をつけ加えて演奏するそうである。

まさにこの本が、働くことや学ぶことをプレイフルにするための通奏低音として機能し、読者の皆さん自身が独自のメロディーとハーモニーを生み出していってくださることを、僕としてはとても楽しみにしている。


前著から10年という月日があっという間に経ち、その時間の早さと大きな変化に戸惑っている。東京のＮＴＴインターコミュニケーション・センター［ＩＣＣ］でplayful learningの展覧会を開催した年に前著が生まれ、その後、ＭＩＴメディアラボのLifelong Kindergartenで1年間過ごす機会を得たのであるが、この経験は強烈なもので、帰国してからのさまざまなプロジェクトに大きな影響を与えた。

ガールズメディアバンドの結成と数々のワークショップ実践、小堀さんとの建築プロジェクト、ネオミュージアムでのParty Of the Future（ＰＯＦ）などがその代表的なものであるが、それらの経験をもとにアップデートして加筆・修正・冒険をしたのが本書である。

ＫＤＫＨ、４Ｐｓ、ティンカリング、プレイフル・クラッシュなど、これからの働き方やワーカーのエンゲージメントを高めていくための新しいコンセプトを追加して、より今の時代に即したものに仕上げた。

皆さんに、この決定版で展開した希望の空気をいっぱい吸っていただき、来るべき激動の時代をプレイフルに駆け抜けてくださることを期待している。

今回も前著と同じメンバーで本書の作成ができたことは、最高にラッキーなことであった。構成の藤間知恵さん、ライターの前田はるみさん、そこにハイライフ研究所の杉本浩二さんが加わって、何度も議論を重ねた結果できた決定版である。インタビューに多くの時間を割いてくださった小堀哲夫さんや吉田史朗さんからは、プレイフル・シンキングの考え方がどのように現実の世界で生き、活かされているかを伺うことができた。本書の考え方が人々を巻き込み、プロジェクトで輝いていることを知ってとても嬉しかった。コンセプトの熟成過程では、岡部大介さん（認知科学）、松下慶太さん（メディア論）、中島さち子さん（ジャズピアニスト・数学研究者）との生成的な会話を通して貴重な示唆をいただいた。そして、キーコンセプトの可視化手法を提案してくださった大西景子さん、そのアイデアを的確でチャーミングな３コマ漫画として描いていただいた夏目奈央子さんにも改めて感謝の気持ちを述べたい。

最後に、浦野有代さん・篠崎日向子さんをはじめ宣伝会議の企画・編集部の皆さんの「決定版を作ってみましょう!」という勇気ある決断とチャレンジがなければ、このプロジェクトは実現しなかった。ここに心からの感謝を申し上げたい。

職場がプレイフル・シンカーであふれるような社会になっていくことを願って。

ROCK to Change the World!

2020年7月1日

上田信行

本書の校正もメタで！

資料・僕の「学びとメディア」ストーリー

【はじまりはテレビだった】
１９７３年、僕は希望の現場にいた。

僕が30年前にニューヨークの『セサミストリート』の制作現場で感じた興奮はいまも忘れることができない。それはこれまで誰も見たことのない子ども番組を生み出そうと夢中になっていたクリエイティブな人たちの**情熱的なエネルギー**を感じたからだった。そこに流れていたテンションのきいた、さわやかな空気感がいまも僕の魂に息づいている。それは僕にとってまったく新しい**学びの経験**だった。

そもそも、僕が『セサミストリート』に興味をもったのは、ＮＨＫで『セサミストリート』の放送をたまたま見て、「これはすごい！」と思ったことだった。ブラウン管からは明るくてポップでノリの良い映像が映し出され、しかもアルファベットや数字が連続で流されていた。「**教育っておもしろくていいんだ！**」その体験は、教育とはつらくて暗いもの、という僕のそれまでのイメージをくつがえしてくれた。

その後、冒頭に書いたニューヨークの制作スタジオを訪れることになる。そこはまさに**希望の現場**だった。番組をつくりあげる制作スタッフたちの情熱を間近に感じ、さまざまな分野の専門家がそれぞれの能力を発揮しながらコラボレートしている制作風景に衝撃を受けた。テレビという**エンターテインメント・メディア**をパワフルな**教育メディアに変えるんだ**という壮大な実験がはじまっていたのだ。

【ハンズ・オン・エクスペリエンス
～チルドレンズミュージアムとの出会い】

ボストン港の近く、レンガ造りの古い倉庫を利用したシンプルな外観。そこに**ボストン・チルドレンズ・ミュージアム**がある。１９７０年代、ボストンに滞在していた僕は、このミュージアムを訪れた。シンプルな外観と打って変わり、一歩中に入ると、さまざまな工夫がこらされていて目を見張る。館のなかには断面が見えるようにしたコーナーがあり、ボストンの街を垂直に切って、地下から1階2階というふうにそのなかを動きまわれる。昔の小学校の教室まである。そこに街が実在しているかのように。館内に順路を指示した矢印など、どこにも見当たらない。「手を触れないでください」どころか「**ハンズオン！**」だ。それまで僕は博物館に対して、ガラスケースに入ったお宝物を少し離れたところで見るというイメージがあった。その僕の考えをこの空間がガラガラと崩してくれた。

「展示物を触っていい！」「これで遊んでいい！」「いや、むしろ壊してもかまわない！」積極的にハンズオンを奨励するこのミュージアムの空間。まるで**おもちゃ箱をひっくりかえしたような場所**に僕は夢中になった。子どもたちが生き生きと学ぶこの空間。はたして、学校でのフォーマルな教育と、このミュージアムのような**インフォーマルな学び**との違いはいったいどこにあるのだろうかと、本当に素朴な疑問がわいてきた。僕が見た空間、それはまさに**新しい「学習環境」**だったのだ。

【コンピュータが教育を変える】
プログラミングは状況との絶えざる省察的会話(reflective conversation)

7年後、メディアの研究に本格的に取り組もうと思ってハーバードの大学院へ戻ったとき、アメリカにはコンピュータ旋風が吹き荒れていた。メディア研究の中心はテレビからコンピュータへと移行していた。当時のアメリカでは、これからはコンピュータが新しい教育のためにとても大きな役割を果たすという予感があふれていた。そのときに出会ったのが、MIT教授**シーモア・パパート（Seymour Papert）**の**LOGO**。LOGOは**子ども向けのプログラミング言語**で、一般的に、数学的概念を直感的に学べるツールとして知られている。彼は**ピアジェの構成主義**をもとにした学習を実現しようと考え、子どもが環境と相互交渉するなかで自ら知識を構築することの重要性を訴えた。LOGOでは、自分がつくった命令が即座にグラフィックスとして現れる。うまくいかなかったところは自分が考えたプロセスをたどり直して改善していく。子どもたちは試行錯誤を繰り返し、コンピュータとの絶え間ない対話を繰り返す。作品をつくるなかで、自分なりにプログラムをもっとよくしようと、自分の思考過程をたどりなおして考えたり、課題そのものを異なった視点から眺めなおしたりする**メタ認知**（自分の認知過程についての意識的な認知や実際のモニタリング過程）を働かせているのだ。このことは、LOGOを使えば、子どもが自分で自分の認知過程を吟味する**メタ認知的スキル**を意識して育てていくことができるということに気づかせてくれた。これは僕にとって重要なパラダイムシフトとなった。つまり、コンピュータが子どもに教えるというよりむしろ、**子どもがコンピュータを教える**、そしてそのなかで子どもは「考える・吟味する」ことを学んでいる。これは、子ども自らがすでにもっている認知構造を駆使しながらコンピュータと相互作用し、より新しい認知構造に再構成していく、というパパート流の**構築主義的な学習観（コンストラクショニスト・ラーニング）**との出会いとなった。僕はものづくりにおけるリフレクティブなプロセスの重要性を感じ、「コンピュータが教育を本当に変えるかもしれない!」と希望をもった。

【子どもの知能観モデル】

そのころ、もうひとつ強烈な出会いがあった。それは**モティベーション**のセオリーを研究している**キャロル・ドゥエック(Carol S.Dweck)**との出会いだった。彼女は、無気力な子ども、何をやってもダメだと思っている子ども、そういう子どもたちはどうして無力感を獲得してしまったのか、どういう原因でそうなったのかという研究をしていた。彼女によると、子どもというのははっきり自分では自覚していないが**2つのセオリー**をもっている。子どもたち自身がもっている**知能に関してのパーソナル・セオリー**なのだが、知能や賢さというものは固定したものでいくら勉強してもそれは変わらないという子どもと、勉強すればするほど、学べば学ぶほど頭のよさは磨かれていくという子ども、つまり知能に対する**固定的な知能観**をもっている子どもと**成長的な知能観**をもっている子どもがいるという研究だった。

固定的な知能観をもっている子どもは、人からの評価を気にする。とくに成績を気にする。逆に言えば、自分が無能だということをできるだけ人に悟られないようにする。何のために勉強しているのかと聞けば「成績を良くするため」「先生や仲間からほめられるため」という。この固定的で、実体的な知能観をもっている子どもには、成績によって2つの行動パターンが見られるということだった。成績の良い子は、適応的な行動(マスタリービヘイビア)をとるが、逆に悪い子は不適応行動つまり**無力感を獲得**してしまう。成績の良い子で固定的な知能観をもっている場合は学びのゴールが「**パフォーマンス・ゴール**」だからうまくいくが、悪い子は「ダメだった、どうしようもない」とすぐにもろくなる。それに対して、成長的知能観をもっている子どもの学びのゴールは「**ラーニング・ゴール**」。つまり、学びそのものが学ぶことの目標になる。「なんのために勉強するのか」と聞くと「自分のためになるから」「自分を磨けるから」といった答えが返ってくる。もちろん人から評価されることはうれしいが、それが第一ではない。だから成績が良い子も悪い子も、勉強すればするほど自分が伸びると思っているので無力感には陥らない。もし、2人の子どもがいて、同じ能力をもっていたとしても、どちらの知能観かによって、その能力を思う存分発揮できる子と、逆に発揮できない子がいるということに僕ははっと気がついた。**我々の可能性というのは自分がもっている能力をどう発揮するかということにかかっているの**だと強烈に感じた。**自分を信頼することによって、自分の可能性が**

拓いていくということに強い関心をもった。

【Dweck × Papert】

ドゥエックとの出会いと、パパートと彼が発明したLOGOとの出会いはちょうど同じころだった。ここで僕はキャロルの動機づけ理論とパパートの構築主義の考え方を結びつけられないだろうかと考えた。つまり、子どもたちが自分のつくりたいものをつくれる環境のなかで**「ものづくり」に夢中になれば、無力感なんて吹き飛んでしまうのではないか**と直感的に感じたからだ。つまり、LOGOで作品づくりをすることによって**探究すること自体が楽しい、探究そのものが学びのゴールになる**のではないかと思った。僕にあのパラダイムシフトが起こったように、LOGOを経験することによって、子どもたちの学びに対するイメージが絶対に変わると思った。なぜなら、LOGOのように夢中になってものをつくる（プログラミングする）作業のなかでは、人からどう思われるかだとか、人よりもいい作品をつくろうなんていうことは気にしていないはず。自分自身の作品づくりで頭がいっぱいになっているはずだと思ったのだ。**子どもを夢中にさせるような環境をデザイン**することができれば、子どもは学ぶことそのものに注目すると思った。僕はそのころ研究テーマとして、どのような環境をデザインすれば子どもたちが学びへと動機づけられるかということを徹底的に理解したいと思っていた。それが、僕が「**メディア**」「**デザイン**」「**学び**」という3つの視点を融合させながら学習環境デザインに取り組もうと思った動機だった。

【省察的実践家たち】

僕がLOGOに興味をもっていたとき、LOGOを使って音楽を研究している先生がいることを聞いて、早速駆けつけてみた。MITの古びた木造の建物のなかにある研究室を訪れると、**ジーン・バンバーガー（Jeanne Bamberger）**がいた。彼女はアップルⅡコンピュータでLOGOを使い、音楽を積み木を組み立てていくようにしてつくれる子どもたちのためのプログラム言語「**LOGO music**」を開発していた。彼女のいう「**音の積み木**」、それは音楽のフレーズの最小ユニットをひとつの積み木として考え、それらをプログラムとして記述することによって子どもが音楽を構築していくというまったく新しい音楽教育へのアプローチだった。僕がジーンに惹かれたもうひとつの理由は、あの「**リフレクティブ・プラクティショナー（省察的実践家）**」という本の著者ドナルド・ショーンの共同研究者だったということ。彼女が、ショーンと書いたペーパーのなかのフレーズにはこんな定義があった。「**学びとはある状況におけるマテリアルとの絶え間ない**

会話なのだ」。それが強烈に印象的で、いまもそれが僕の学び観の基底として生き続けている。この頃から、教育の世界に、リフレクションという言葉や、リフレクティブな実践という言葉が使われだし、ものづくりにおけるリフレクティブなプロセスの重要性が指摘された。と同時に、それまでの専門家像が技術的熟達者というイメージだったのを、**さまざまな状況のなかで省察的に深い理解を作り出す人**が専門家であるというイメージがもたれはじめたのだった。

【ネオミュージアム neomuseum】

ボストンのチルドレンズミュージアムでの体験から、僕は日本にもそういった場を創りたいと思っていた。まずは小さくはじめようと思い、自宅の部屋を改造してスタジオをつくり友人たちに呼びかけた。そのときたまたま音楽をやっていた友人がいたことと、シンセサイザーという新しい楽器が世に出はじめたころだったので、「みんな、これで何かつくろうよ」ということから**ものづくりワークショップ**がはじまった。その後、建築家とデザイナーそして僕の3人で、構想含め約2年半をかけ実践的な学習環境デザイン研究のためのアトリエを奈良県吉野川のほとりにつくった。**世界で一番小さな実験的プライベートミュージアム**の誕生である。**1990年**のことだった。ここは、モノがはじめにあるのではない。活動や人がいてコミュニケーションができる場所。ラボでも、学校でもなくて、工房でも、研究所でもない、チルドレンズミュージアムに近いもの。いやミュージアムのようだけれど展示物がない。モノでなくて**「出来事を展示する」ミュージアム**。このような場を表現する言葉や概念がなかったので、いままでにない新しい（ｎｅｏ）ミュージアムとして、「**ネオミュージアム**」と名づけた。

【多層空間によって育つメタ認知的思考】

このころには、学びは「**空間**」「**道具（メディア）**」「**活動**」「**人**」、この4つのエレメントを有機的に組み合わせることによって活性化されるという考えが僕のなかに定着していた。ＬＯＧＯはそれ自体**プレイフルで子どもが夢中になれるメディア**であり、メタ認知を促す道具でもある。学習環境のなかにはプレイフルな活動と、メタ認知を促す仕組みが必要だという考えから、ネオミュージアムでは空間を７ｍ四方の立方体にして、1階を活動のための「**経験のフロア**」、2階のギャラリーの部分を「**リフレクションのフロア**」、3階を「**意味づけのフロア**」と位置づけ、**空間を多層化することによって身体の動きと認知の働きがうまくリンクするようにデザイン**した。夢中になって表現作りに没頭すること、人に考えを伝えること、そしてそのプロセスをステップバックして、客観的に眺めたり、自分の表現活動そのものの感度を上げてじっと省察し、意味づけするという行為を、**空間を移動することによって経験できる**ようにデザインしたのだ。1階は活動が中心、2階と3階は1階での自分の行動を「意識的に言語化してふりかえる」**メタ認知的空間**としてしつらえた。空間が作業のためのスタジオになったり、人と交流・発表するためのステージになったり、ゆっくり自分の考えを吟味できるカフェにもなる。このネオミュージアムの多層的空間により、活動の活性化とともに、メタ的思考を鍛えていく、パワフルな「**学びの装置（メディア）**」を実現したのだ。

【憧れの最近接領域】

ヴィゴツキーの提唱した概念で、**ZONE OF PROXIMAL DEVELOPMENT（ZPD）**という考え方がある。これは、子どもがひとりで問題解決できる現時点での発達レベルと、大人のガイダンスや自分よりも有能な仲間との協同作業を通して可能になる潜在的な発達のレベルとの距離を言うが、僕がこのコンセプトに感動したのは、人の**能力のアッパーバウンダリーに注目**しているところ。誰かのサポートによって開花する明日の能力こそ意味がある。この希望の領域、センシティビティ・ゾーンを彼は**発達の最近接領域（最近接発達領域とも呼ばれる）**と呼んだ。僕はヴィゴツキーの考え方を自分なりに解釈しなおして、**ZONE OF POTENTIAL CONFIDENCE（ZPC）**という概念を考えた。**「あの人とだったらできそうだ」という自信**。協同によって生まれる自信というか、**他者込みの自信**。たとえば、課題に取り組むときに、自分ひとりだけでできる範囲で考えるのではなくて、誰か先輩とか、有能な仲間のサポートが得られればこんな仕事にも挑戦できるという可能性を感じることがある。僕はその「可能性のゾーン」を「**憧れの最近接領域**」と呼んだ。自分ひとりではなくて、他者との協同によって生まれる自信やワクワク感、協同作業によって何かが触発され生まれてくるかもしれないという予感。そこに注目する姿勢を大事にしたいと思った。

【僕のワークショップ人生のはじまり】

僕が思っていた学習空間を本当に理想的に使ってくれたのはMITの**ジョン前田**（Rhode Island School of Design 学長を経て現在Publicis Sapientチーフ・エクスペリエンス・オフィサー）だった。吉野のネオミュージアムが1990年の暮れに完成してから、僕はしばらくの間、目的を失っていた。それまで必死に、ほんとうに夢中になって、ただただネオミュージアムを完成することだけに情熱を注いでいたからである。こんなときに、ジョンが僕に、コンピュータのおもしろい実験をやってみたいんだけれど、吉野で上田ゼミの学生たちと一緒にやってみないかと声をかけてきてくれた。僕のワークショップ人生はここからはじまった。**ネオミュージアムが劇場になった。**コンピュータのパーツをつくるスタジオ、人が動き回って計算するステージ、いったいここで自分はどんな役割をやっているのかと振り返るメタフロア。僕の眼前に、ネオミュージアムをつくっていた最中に描いた次世代の学びの風景がパノラマのように広がっていった。このワークショップが**Human-Powered Computing Experiment（人力コンピュータ実験）**だった。この実験のときには、僕にはすでにワークショップを構成するエレメントが見えはじめていた。ネオミュージアムの**多層的空間構造**（経験のフロアとリフレクションのフロア）、**活動のシナリオ**（フロッピーマネージャーの仕事がプログラムという形でシナリオ化されていた）、**素材や道具などの装置**（ネオミュージアムの立方体空間のなかに木と紙でコンピュータをつくりあげた）、**リソースとしての専門家スタッフ**（建築、デザイン、コンピュータ科学、教育など）。そして、新しい出来事に挑戦し実験する勇気と**プレイフル・スピリット**。ジョンはいまも僕の顔を見るたびに、「**小さくまとまんなよ！**」と言い続けてくれている。これから**コグニティブ・ダンス**がはじまるのだ！

このストーリーを書き終わってから10年が経った。その後、ICC（NTTインターコミュニケーション・センター）での展覧会「ICCキッズ・プログラム2009 プレイフル・ラーニング たのしむ∩まなぶ」、MIT Media Labでの在外研究、帰国後、大学でのgirlsMediaBandの実験的活動、多様な分野の企業向けワークショップの実践、吉野のネオミュージアムにおける数々のラーニングデザインとアートプロジェクトなど、嵐のように時代を駆け抜けてきた（詳細なストーリーは拙著『プレイフル・ラーニング　ワークショップの源流と学びの未来、上田信行×中原淳、２０１３、三省堂』を参照）。このようにして今日までプレイフルスピリットとメタ認知をエンジンにして新しい時代の学びの潮流をつくろうと努力してきた。

今、我が国の学びや働き方が大きく変わろうとしている。**アプリレベルの改革では乗り切ることができなく**、まさに**OSレベルの革命**が必要になってくる。この革命は、一人ひとりの意識改革から起こってくるもので、みんなが一丸となって本気で目の前の課題に立ち向かっていくことによってのみ実現できると強く感じている。その時の駆動システム、**PLAYFUL OS**が何かのお役に立つことを願ってやまない。

Playfully yours,　nobuyuki ueda

最終講義のポスター（デザイン：三宅由莉）

最終講義に集まってくれた仲間たち（写真：曽和具之）

［参考文献］

安藤寿康 (2018).『なぜヒトは学ぶのかー教育を生物学的に考える』. 講談社現代新書

Dweck, C.S. (1986). Motivational processes affecting learning. *American Psychologist*, 41, 1040-1048.

Dweck, C.S. (1999). *Self-Theories: Their role in motivation, personality and development*. Philadelphia: Taylor and Francis/Psychology Press.

Dweck, C.S. (2006). *Mindset:The new psychology of success*. New York: Random House. (今西康子訳 (2008).『「やればできる !」の研究―能力を開花させるマインドセットの力』. 草思社)

Hill, L.A., Brandeau, G.,Truelove, E., Lineback,K. (2014) *Collective Genius-The art and practice of leading innovation*. Harvard Business Review Press, Boston, Massachusetts. (黒輪篤嗣訳 (2015).『ハーバード流 逆転のリーダーシップ』日本経済新聞出版社)

Kelly, T. & Kelly, D. (2013) *Creative Confidence:Unleashing the creative potential within us all*. (千葉敏生訳 (2014).『クリエイティブマインドセットー想像力・好奇心・勇気が目覚める驚異の思考法』. 日経 BP 社)

Lesser, G.S. (1974). *Children and Television: Lessons from Sesame Street*. Random House.(山本正・和久明生訳 (1976).『セサミストリート物語―その誕生と成功の秘密』. サイマル出版会)

茂木一司 編 (2014).『協同と表現のワークショップ [第２版] ― 学びのための環境のデザイン』. 東信堂

中原淳・長岡健 (2009).『ダイアローグ 対話する組織』. ダイヤモンド社 .

仁木和久 (2017). アクティブラーニングの脳科学 . 主体的学び Vol.5、主体的学び研究所 ,17-34

仁木和久 (2019). 脳科学とプレイフルラーニング . チャイルド・サイエンス VOL.17, 日本子ども学会 , 22

National Research Council Committee on Developments in the Science of Learning. Bransford,J.D., Brown,A. L., & Cocking,R.R.(Eds.). (2000). *How people learn : Brain, mind, experience, and school*. National Academy Press, Washington, D.C..(森敏昭・秋田喜代美監訳・21 世紀の認知心理学を創る会訳 (2002).『授業を変えるー認知心理学のさらなる挑戦』. 北大路書房)

Papert, S. (1980). *Mindstorms : Children, Computers, And Powerful Ideas*, Basic Books.(奥村貴代子訳 (1995).『マインドストーム―子供，コン ピュータ，そして強力なアイディア』. 未来社)

Resnick, M. (2017). *Lifelong Kindergarten : Cultivating Creativity through Projects, Passion, Peers, and Play*, The MIT Press.(村井裕美子・阿部和広著、酒匂寛訳 (2018).『ライフロング・キンダーガーテン―創造的思考力を育む４つの原則』. 日経ＢＰ社)

Sanders, L. & Stappers, P. (2014). From designing to co-designing to collective dreaming: three slices in time. *Interactions* XXI(6)

Schön, D. A. (1983). *The Reflective Practitioner : How Professionals Think in Action*, New York : Basic Books.(柳沢昌一・美和健二監訳 (2007).『省察的実践とは何か ―プロフェッショナルの行為と思考』. 鳳書房)

諏訪正樹・藤井晴行 (2015).『知のデザインー自分ごととして考えよう』. 近代科学社

Turkle, S. (2007). *Evocative Objects : Things we think with*, The MIT Press.

Ueda, N. (1989). Japanese Children's Personal Theories of Intelligence: A Developmental Study. Unpublished doctoral dissertation, Harvard University.

Ueda, N. (1999). Multimedia Unplugged: A Workshop on Learning Designs at the NeoMuseum, Japan. *The Turkish Journal of Pediatrics*. 41.(Suppl.),109-117

Ueda, N. (2008). *Playful Notes*. CSK Holdings, Kyoto, Japan.

Ueda, N. (2008). *Playful Noise*. neomuseum, Yoshino, Japan.

上田信行 (2018).『教育の方法と技術　第４章 学習環境デザイン 58-80』. ミネルヴァ書房

上田信行 (2019). プレイフルに " クラッシュ " しようー今後の学びの鍵は、傷つくことを怖がらない姿勢や状況を創ること . Learning Design 7-8 月号 , 42-45

Ueda,N.,& Weintraub,H. (2000). Socially Shared Playful Constructionism "Improvisation in the Kitchen." *Child Studies 2*, Konan Women's University International Center for Child Studies, 143-144.

上田信行・中原淳 (2013).『プレイフル・ラーニングーワークショップの源流と学びの未来』. 三省堂

Vygotsky, LS. (1978). *Mind in society : The development of higher psychological processes*. Harvard University Press.

Wilkinson, K. & Petrich M. (2014). *The Art of Tinkering*, Weldon Owen.(金井哲夫訳 (2015).『ティンカリングをはじめよう― アート，サイエンス，テクノロジーの交差点で作って遊ぶ』. オライリージャパン)

上田信行（うえだ・のぶゆき）

同志社女子大学名誉教授、ネオミュージアム館長。1950年、奈良県生まれ。同志社大学卒業後、『セサミストリート』に触発され渡米し、セントラルミシガン大学大学院にてM.A.、ハーバード大学教育大学院にてEd.M., Ed.D.（教育学博士）取得。専門は教育工学。プレイフルラーニングをキーワードに、学習環境デザインとラーニングアートの先進的かつ独創的な学びの場づくりを数多く実施。1996～1997ハーバード大学教育大学院客員研究員、2010～2011 MITメディアラボ客員教授。著書に『協同と表現のワークショップ：学びのための環境のデザイン』（2010, 共編著、東信堂）、『プレイフルラーニング：ワークショップの源流と学びの未来』（2013, 共著、三省堂）、『発明絵本 インベンション！』（2017, 翻訳、アノニマ・スタジオ）など。

neomuseumのウェブサイト
http://neo-museum.com

宣伝会議 の書籍

言葉ダイエット
メール、企画書、就職活動が変わる最強の文章術

橋口幸生 著

なぜあなたの文章は読みづらいのか。理由は、ただひとつ。「書きすぎ」です。伝えたい内容をあれもこれも詰め込むのではなく、無駄な要素をそぎ落とす、「言葉ダイエット」をはじめましょう。すぐマネできる「文例」も多数収録。

■本体1500円+税 ISBN 978-4-88335-480-1

アスリート×ブランド
感動と興奮を分かち合うスポーツシーンのつくり方

長田新子 著

数々のマイナースポーツとアスリートを創世記から支え、ともに成長を続けるレッドブル。"ブランドが持つべきビジョンとその価値の高め方""アスリート支援の実際""イベントの主催・協賛する際の留意点やメリット""イベントを通じたコミュニケーションの切り口"などについて、レッドブル元CMOが明かす。

■本体1800円+税 ISBN 978-4-88335-497-9

好奇心とイノベーション
常識を飛び越える人の考え方

坂井直樹 著

未来を見据えるコンセプター 坂井直樹が人工知能、アート、ビジネス、働き方、生き方についてイノベーションの最前線に立つ8名と対談。激変する世界を逞しく乗り切るヒントがここにある。

■本体1800円+税 ISBN 978-4-88335-495-5

恐れながら社長マーケティングの本当の話をします。

小霜和也 著

「マーケティングが経営の重要な一角を占める」という認識がひろがる昨今、宣伝部・マーケティング部だけでは企業のマーケティング全体を担えない。しかし他部署と連携せず、遠慮や忖度で調整に終始してしまう。こんな状況を打破するための指南となる1冊。

■本体1800円+税 ISBN 978-4-88335-484-9

宣伝会議 の書籍

僕たちの広告時代

間宮武美 著

渥美清、倍賞千恵子、椎名誠、黒田征太郎、ペンギンのキャラクター、ハリウッド俳優…著名人、先輩、仕事仲間たちが言った、忘れられないセリフ。その言葉が、広告業界をひた走ってきた著者の背中を押した。広告営業・制作の現場で生まれた数々の舞台裏エピソードが綴られる。

■本体1500円+税 ISBN 978-4-88335-489-4

見通し不安なプロジェクトの切り拓き方

前田考歩・後藤洋平 著

ルーティンではない活動すべてをプロジェクトとしてとらえ、工学的なアプローチから成功に導く方法論を解説した前著『予定通り進まないプロジェクトの進め方』の実践編。本書では共通のフォーマット、プロトコルに基づく「仕組み」や「方法」を活用し、未知で困難なプロジェクトを切り拓くための方法を伝える。

■本体1800円+税 ISBN 978-4-88335-490-0

ブランデッドエンターテイメント
お金を払ってでも見たい広告

カンヌライオンズ審査員 著/PJ・ペレイラ 編/鈴木智也 訳・監修

世界最大級の広告クリエイティブの祭典『カンヌライオンズ』の審査員15人が書き下ろした本書。プラットフォームが多様化し、視聴者の時間略奪戦争と化した現在、新しい広告手法として注目されるのが「ブランデッドエンターテイメント」だ。豊富な事例と共に、その考え方、構築の仕方を徹底的に解き明かす。

■本体2200円+税 ISBN 978-4-88335-499-3

SKAT・19

第57回宣伝会議賞実行委員会 編

第57回宣伝会議賞の一次通過以上の作品をすべて収録した『SKAT』。広告界の第一線で活躍するクリエイターによって選ばれた秀逸な広告コピー・CMアイデアを一冊にまとめ、世の中にはまだ出ていないアイデア7212点を掲載している。

■本体2000円+税 ISBN 978-4-88335-496-2

詳しい内容についてはホームページをご覧ください www.sendenkaigi.com

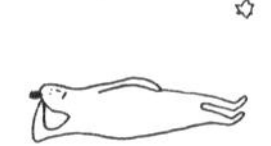

プレイフル・シンキング［決定版］

働く人と場を楽しくする思考法

発行日　2020年 8 月10日　初版第一刷発行
2021年 8 月 2 日　　　第二刷発行

著者　上田信行

発行者　東　彦弥
発行所　株式会社宣伝会議
〒107-8550　東京都港区南青山3-11-13
TEL03-3475-3010（代表）
https://www.sendenkaigi.com/

イラストレーション　夏目奈央子
ブックデザイン　長坂勇司（nagasaka design）
執筆協力　前田はるみ
企画協力　読売広告社
印刷・製本　図書印刷株式会社

ISBN978-4-88335-493-1　C0030